世界平和と統一に関する文鮮明先生のビジョンと実践1

文鮮明先生の平和思想

はじめに

世界平和のビジョンと実践

この地に人類が存在して以降、最も重要なテーマは平和でした。強いて人間始祖アダムとエバの子供であるカインとアベルの殺人事件を記録した聖書の創世記を取り上げなくても、人類歴史は、最初から互いに殺し殺される闘争に染まってきました。二〇〇一年九月十一日、アメリカの心臓部であるニューヨークの世界貿易センターとワシントンＤ・Ｃの国防総省の建物へのテロ、そしてこれに対する報復、イスラエルとパレスチナ間の果てしない中東戦争、インドとパキスタンのカシミール紛争など、地球村の各地に起こる数多くの戦争を私たちは目撃しています。

現在、全世界で進行中の紛争は、八十三箇所に至っています。特に、先の二十世紀は「戦争の世紀」と言うことができるほど、数多くの紛争が発生しました。二度にわたる世界大戦と韓国戦争、ベトナム戦争、中東戦争、湾岸戦争など、数多くの地域紛争で大量殺傷兵器が総動員されると同時に、数億人が殺傷されました。

人類平和のために生涯を生きてこられた文鮮明《ムンソンミョン》先生

しかし、平和問題がどうして世界紛争の解決だけに局限されるでしょうか。国家内においても、人種と政党、地域などの様々な要因による葛藤《かっとう》が生じているのであり、社会は、あらゆる不正、腐敗と倫理道徳の堕落、階層間の葛藤などで病んでいます。社会の根幹である家庭も、夫婦の葛藤による離婚の増加と淪落《りんらく》行為の増加などで崩壊の危機に直面しています。人間自身も、心と体が闘争しながら、常に不幸の底から抜け出ることができずにいます。

それでは平和世界は、はるかに遠いものなのでしょうか。国連は、一九四八年に平和維持活動を開始して以来、今まで五十三地域で「紛争の解決士」を自任してきましたが、強大国の利害関係に縛られてその役割を果たすことができずにいます。人類は、政治や宗教、思想、科学など、あらゆる手段を動員して人間世界の葛藤を治癒するために努力してきましたが、それらは、紛争の原因を根本的に解決できませんでした。

それで、文鮮明先生は、平和世界実現のための根源的処方を与えられたのです。神様を中心として心と体が一つになった真なる人間像を提示されたのであり、そのような真なる人間が夫婦を成して真なる家庭を築き、その真なる家庭が氏族と国家、世界に拡散されるとき、世界に初めて平和の園が実現されると考えられました。先生は、個人と家庭、社会、国家、世界の平和の根本的代案を提示されたのです。

先生は、そのような平和思想を実践するためには、精神問題を扱う宗教が一つにならなければならないとされ、宗教の和解と一致運動を展開されました。また、数多くの教育・言論機関、文化芸術団体、企業、NGOなどを立てて、平和運動を展開してこられました。特に先生は、世界平和は南・北韓の統一が成し遂げられる時に可能であると考えられ、分断以降今に至るまで、統一のために献身してこられました。

先生は、「世界平和のためには共産主義がこの地から消滅しなければならない」と主張され、勝共運動を国内・外に展開されました。先生の勝共運動は、国際共産主義運動に対抗して、韓半島はもちろん、日本、北米、南米等々、全世界的に拡散され、理論と実践、言論と社会教育、市民運動へと展開していきました。先生は、冷戦構造が先鋭化された一九八五年、著名な世界指導者たちの前で共産主義の終焉《しゅうえん》を天の啓示として宣言され、共産主義の克服と資本主義以降の理念である「頭翼思想」を発表されました。最近では、国境撤廃と世界平和地帯宣言、国連改革など、実に驚くべき提案をされるとともに、二十一世紀の新しい平和運動を展開していらっしゃいます。

先生が平和のために流された血と汗の滴は、筆舌に尽くし難い真実そのものの生き方であられました。「世界平和統一家庭連合」、「南北統一運動国民連合」、「世界平和超宗教超国家連合」、「世界平和女性連合」、「世界平和青年連合」、「世界平和学生連合」、「世界平和教授アカデミー」、「天宙平和統一家庭堂」など、すべての組織の前に「世界平和」という名前を掲げるほど、平和と統一のためにすべてのものを投入されました。

人類平和実現の指針書、万人の訓読教材

「平和」は、私たちの時代の最も高貴な価値であることに間違いありません。先生は、平和は、他人、他国、他人種、他文化の存在自体を認めるとき、すなわち私が他者を排斥するのではなく、認めて受け入れるときに可能になると教えられています。テロや国家間の紛争は、相手の「違い」を容認できず、敵対視するときに発生するので、お互いの立場を理解する文明間の対話が大切であるという指摘です。また、平和は相対的関係において成立するものであり、関係回復は「ために生きる存在」としての自己認識があってこそ可能であると強調されています。

このたび発刊される「平和思想」は、先生が一生涯心血を注いで説き明かしてこられた神様と人間、世界と歴史、そして霊界の実相を明らかにした「み言《ことば》選集」三百五十巻の中から「平和」

に関連するみ言を集大成したものです。この本は、先生の平和思想とその実践、すなわち平和の真の意味とは何であり、平和世界はどのようにして成され、先生はどのように平和運動を展開してこられたのかということが一目瞭然《りょうぜん》に整理されており、今後、世界平和実現のための貴重な指針書となると同時に、「万人の訓読教材」となることでしょう。どうぞ、読者の皆様に平和が訪れ、皆さんの家庭と国家、世界に平和の新しい気運が満ちあふれることを祈願いたします。

最後に、八十数星霜を平和世界実現のために尽力してこられた私たちの真《まこと》の父母であられる文《ムン》鮮明《ソンミョン》先生御夫妻に頭《こうべ》を垂れて感謝を捧げ、すべての人々がその高貴なみ旨を支持して、平和のために先頭に立つことを誓いましょう。

二〇〇二年一月

世界基督《キリスト》教統一神霊協会

もくじ

第三章　文鮮明先生の平和思想

第四章　平和実現の前提

＊この書籍は『文鮮明先生み言選集』から項目別に精選されたものです。したがって、各文章は語る対象や時代が異なっていて、話の内容が重複したり、前後で文章の流れがかみ合わない場合があります。御了承ください。
＊本文中、各文章の末尾にある（　）内の小さな数字は、基本的に原典『文鮮明先生み言選集』の巻数とそのページを表します。
例：（一二三―四五六、一九九八・七・一）＝第百二十三巻―四五六ページ、一九九八年七月一日のみ言

第一章　平和とは何か

一　平和の真の意味

平和になるとは、主体と対象がお互いに一つになることを意味します。これを東洋の漢字で言えば、「平」はホリゾンタル（Horizontal）、「和」はハーモニー（Harmony）という意味です。それは、中心と相対において衝突が起こることではなく、和解することです。（八二一―一三二、一九七六・一・四）

平和とは、水平になって和する、ということです。平和というものは、独りでは成すことができません。これは上下関係、左右関係、すべてが和してみなが喜ぶことができ、あらゆるものが傾くことなく円満でなければなりません。そうであってこそ平和だ、というのです。また、平和になるだけではいけません。理想とは何でしょうか。それらが回らなければなりません。回るにおいては、平面においてのみ回るのではなく、立体性をもたなければなりません。理想は立体性をもたなければならないのです。「あの人は理想的な人間だ」と言うとき、理想的人間には未来

第16回成和学生総会で復帰摂理について講義される文鮮明先生（1971.10.8）

に対する思想がなければなりません。すなわち、言わば現実的な生活において平面的な生活もしていますが、理想があってこそその生活が球形を備えるのです。理想は平面的なものだけではできません。（八六―九八、一九七六・三・一四）

平和とは何ですか。どこにもしわ一つない平らな状態のことをいいます。すべて平らなものとして和するということです。一〇〇パーセント和すれば、円形になるのです。土を混ぜて転がし続けていれば丸くなります。ぱんぱんに張って和するので、結局は最高の円形が形成されるのです。しわがなく、何であろうといっぱいに満ちないものがなく、完全に充満して円形を成すのです。（一〇九―二七六、一九八〇・一一・二）

平和の世界とは、垣根のないことをいいます。平たく和するのです。朝に和し、夕に和し、お父さんとお母さんが和し、隣村同士で和するのです。白人と黒人が争うのではなく、和するのです。（一〇五—一二〇、一九七九・一〇・二六）

平和とは相対的なものです。二つが和することによって平らになるのであって、「独平」ではありません。独りで幸福ですか。相手と同等の立場に立ち、お互いに好意をもってこそ幸福になるのです。「自由だ、何々だ」と言っても、愛を除いて自由がありますか。愛こそ、それが無限の自由です。愛をもってむち打つ独裁者になったとしても、それは誇らしいことです。このような驚くべき事実を、皆さんは知らなければなりません。驚くべき事実、驚くべき事実を知らなければなりません。（一一二—三二五、一九八一・四・二五）

お互いに対等な立場、良い人たち同士や良い家庭同士は、お互いが横的に連結することができます。また、良い国同士も横的に連結することができます。ここに平等、すなわち平和がありま す。「平和」の「平」は水平を意味します。この「平」がなくては、「和」したとしても、その「和」はすぐになくなるのです。皆さんは、このような事実を忘れてはいけません。（三四—一二八、一九七〇・九・一三）

虹の七色は、まだらになっていますが、それが回るときは白色になります。白色とは何でしょうか。勝利を意味します。平和を意味します。ハーモナイズ（調和する）を意味します。今まで、白人たちが世界を支配してきましたが、一つになることができずにいます。ハーモナイズを成すことができずにいます。（二二九―一三八、一九八三・一〇・一九）

悲しみは、なぜ来るのでしょうか。私自身が平和な境地で心と体が一つになり、環境と一つになって宇宙のもっと大きな世界へ前進していくとき、和することができる位置に立つならば、そこでは宇宙が保護してくれるのです。宇宙全体世界において、お互いが連結されて共存することができる連体的作用圏を成していれば、お互いが相応することができる立場で保護してあげるのですが、そこに相反するようになるときは、必ず宇宙の力が追い出すのです。これが悲しみに連結されるのです。（一四一―二七一、一九八六・三・二）

二　平和の世界とはどのような所か

天地創造は、不安と恐怖の世界でなされたのではなく、喜びと喜悦と満足の基盤の上でなされたのです。それゆえに、神様と心情的な紐帯《ちゅうたい》を結ぶようになれば、そこがいくらサタンの巣窟《そうくつ》だとしても、そこには神様の喜びがあり、私たちに対して神様が喜ばれるようになれば、そこから再創造の役事が起きるのです。皆さんがみ旨に対して恩恵を受ける時間が、まさしくそのような瞬間です。心にわき上がってくる喜びを抑えることができない人、細胞を通して恩恵の趣を感じる人は、誰が何と言おうと、あるいはサタンの銃剣の前に立ったとしても、平和を感じるのです。（二八―一二七、一九七〇・一・四）

私は、意識世界を超えた創造目的の世界を願います。草一株を見ても、そこから無尽蔵な平和の感情を感じ、その存在価値を褒めたたえることを願います。見ることもそうで、感じることもそうです。人間は、たとえ小さな存在からでも、「一つの個体が動くたびに天地が動き、神様の心情が動き、永遠の生命が動くので、驚くべきことだ」という被造万物からの刺激を受け得る位置まで行かなければなりません。人間が行かなければならない所は、そのような所です。存在目的の価値とその意識が一つになった世界、私たちが感じる感覚が誰もみな同じであるならば、私たちの生命を通して、良心を越えて、心情の世界へ流れ入ってくる永遠の生命の感触は、人間的なその何をもってしても主管し得ないものです。それは、思潮や風習いかんによって左右されるものではないからです。（九一―三二九、一九六〇・六・一九）

世界の人々の心を揺り動かすときには、争いの必要がない、氏族的分裂や民族的差別がない平和の世界へ、神様が運行する理想世界への開門がなされていくのです。私たちが闘って死んだとしても、霊的には間違いなく入っていくはずであり、闘って勝利すれば、なお一層、二つの世界の天国をもって暮らす人になるはずです。

それで、六千年前に神様と堕落した人類が共に天国の入城式をすることができなかったことを、初めて私たちによって神様を玉座にお迎えし、私たちが入城式をして神様を永遠の父母として侍り、永遠に天国の皇族となって生きるはずです。神様を私たちの父として侍り、その王宮が私たちの家となって、私たちは永遠無窮の中心の息子、娘となって生きるはずです。そこは、賛美が宿る場所であり、栄光が宿る場所であり、永遠の生命が宿る場所です。そして、永遠に平和が宿

る場所です。(八六―二二三、一九七六・三・二九)

与えながらも恥ずかしさを感じるその道が、真なる道人たちの行く道です。心から真なるものを与えても、涙を流しながら恥ずかしさを感じるその位置は、永遠の平和の境地となるのです。愛する子供に良い服を着せたとしても、それで「父母の責任を果たした」と言う父母がいるとすれば、その父母の愛は、そこで終わるのです。良い服を着せて自ら立派だと感じる父母は、終わるのであり、もっと良くしてあげたいのに、してあげることができなくて恥ずかしさを感じる父母であれば、その父母は、永遠の偉業を受け継ぐことができる父母になるのです。与えながらも恥ずかしさを感じることができる世界が天国です。地獄とはどのような所でしょうか。「もってきなさい！　捧げなさい！」と言う世界です。これを皆さんは、はっきりと知らなければなりません。(三六―八四、一九七〇・一一・一五)

未来の世界とは、どのような世界でしょうか。争いをするための世界ですか。苦労させるための世界ですか。平和で統一された世界です。(三四―一七二、一九七〇・九・六)

一つの創造世界、神様の人間に対する目的は一つなので、いずれにせよ、そのような世界を人間も追求しなければならず、神様も成さなければならないというのは、双方的な立場から見るとき、当然の結論です。それゆえに、今日、歴史を通して一つの文化世界、一つの主権世界、一つの平和世界、一つの統一世界を指向しなければならないということは、私たち人類や個々人の生活的な面において必要要件とならざるを得ません。（七二―一一四、一九七四・五・二六）

人間の完成とはいったい何かというとき、簡単なことです。幸福であることです。平和で幸福であることです。それ以上は必要ありません。それは、すべてのものがいっぱいに満たされている位置のことをいいます。もちろんその中には自由があります。また、望むものはすべて成し遂げることができるのです。（一二八―一三〇、一九八三・六・一二）

愛を中心とした万世の解放圏ができることによって平和時代、太平時代が始まるのです。神様の愛を中心として太平時代が来れば、家でも、国でも、村でも、山でも、どこであろうと愛の拍子に合わせて生きる世界になるのです。それがまさしくユートピア（理想世界）です。（一三五―三三九、一九八五・一二・一五）

統一の世界、平和の世界はどこから起こるのでしょうか。自分のために生きようとするところ

統一教会員たちに語られる文鮮明先生

からは平和の世界は起こりません。私は、一生を捧げて霊界をくまなく調べてみました。あらゆる有名な教授の本や経典もすべて調べてみました。ありません！　ただひたすら「ため」に生きる愛の道を求めていくところにのみ、平和の根拠があり、統一の運動が起きるのです。（一四四―一六三、一九八六・四・一二）

二十一世紀のビジョンとは何でしょうか。それは平和の世界であり、統一の世界であり、一つの世界です。言い換えれば、ユートピア的世界になってほしいというのが、今日、人類が心の中で描くビジョンではないだろうかというのです。それは、皆様も肯定されるはずです。また、韓国の国民においてビジョンがあるとすれば、何でしょうか。なおかつ、我が国は南北が分かれて思想的対峙《たいじ》を成しています。このように分断された渦中にあるこの国が、どのようにして統一されるのでしょうか。一つの国となって平和の国を成すことができるのでしょうか。これが問題となるのです。世界も、一つの新しい平和の世界、統一の世界を望んでおり、我が民族も南北統一を望んでいます。

さらに進んで、私自身はどうでしょうか。これが問題です。いくら世界に平和が訪れたとしても、我が国が分断されて危険水位を越える立場にあるならば、我が国は世界平和とは遠い関係にあるのです。言い換えれば、国の病気を治さなければ、平和の世界とは距離が遠いのです。このように考えてみるとき、南北統一が成されたとしても、私自身において心と体が葛藤《かっとう》する立場にいるとすれば、統一された大韓民国も理想の国家となることはできません。したがって、世界の平和が来る前に国の平和を準備しなければならず、国の平和が来る前に個人の平和を準備しなければなりません。

それでは、その個人的な平和の基準をどこで求めるのでしょうか。これが深刻な問題です。ここにお集まりになった高名な皆様！　皆様自身を信じることができますか。静かに胸に手を当てて自問自答するとき、その答えは「ノー」です。どうすることもできません。今日、私たちがよく言うことは、相対的な社会で不信の風潮を論ずることであり、そのような習慣性をもっているのが私たち自身ですが、私自身において不信の風潮の動機を克服しているかというときに、誰か「はい。私はしています」と自信をもって答えることができる、そのような教授がいらっしゃいますか。

私たちの心と体は、今も闘っています。今日の私たちだけでなく、歴史性をもっている私たちの先祖も、その闘いの地獄を越えていくことができませんでした。先祖の話はやめて、今、今後来たる私たちの子孫たちにおいて、心と体の闘いの地獄を越えていき得る子孫が生まれるのかという問題を考えるとき、ここに自信をもち得ない限り、平和や理想世界や未来に来たるユートピアをうんぬんすることは妄想にすぎない、という結論が出てくるのです。（一四三―四二、一九八六・三・一五）

「人生は苦海だ」と言います。それでは、この苦労の道はいつ終わるのでしょうか。安息の一日がこの地上に、地球星に訪れてくるのでしょうか。神様が休まれることができる日、神様が捜してこられた息子、娘を捜し出して平和の家庭を建設する日、その日から天の王宮では幸福の歌が響き渡るのです。神様が喜ばれるので大宇宙が喜び、万民、万物はすべてそれから春の日を迎え、太平の良心世界において、初めて足を伸ばして安息の歌を歌って生き得る時が来るのです。その時が、私たちが願ってきた理想世界、キリスト教で主張してきた千年王国の時なのです。（一五一―二二九、一九六二・一二・一五）

今日、統一教会の私たちの理念とは何でしょうか。人間を第一とした世界的な主義ではありません。宗教という枠を越えて神様を第一とした一つの主義と世界を模倣し、この模倣した一つの主義と人間が世界圏内に模倣しておいた善の世界とが矛盾なくぴったり合わなければならないのです。そのようになってこそ天地が一つになるのです。天は心であり、人間は体と同じなので、体と同じこの世界が一つに収拾されて人間を中心とした善の世界となったとしても、それではいけません。神様を第一とした心と同じ善の主体が、「善の世界である」と認めることができる全体的、内的な世界が現れなければなりません。これが、矛盾、衝突なく一つの主義として完結するようになる時、天地は初めてそこから平和の世界へ向かうことができるのです。（一五三―一八、一九六三・一〇・一八）

人類が解放されなければ、神様も解放されません。一つの家庭を見るとき、子女たちが不安で平安でなければ、父母も平安でないはずです。それと同じように、人類を一つの家庭として見れば、神様は一家の主人と同じ立場にいらっしゃると見ることができます。したがって、世界が平和な世界、一つの世界、幸福な世界になれなければ、神様も不幸で、一つになった喜びを感じることができないという結論が出てきます。（一六七―二〇六、一九八七・七・一九）

今日のキリスト教神学の根本を解剖してみれば、「創造主は神聖なお方、被造物は俗なもの」

という結論から神学の論理が展開されていることを知ることができます。「『愛の神様だ』と言うことができる根拠がどこにあるのか」と尋ねてみれば、答えることができないのです。神聖とは何なのかというのです。高いものだけが神聖なのではありません。低いものも神聖なのです。低いものだけではありません。「東西南北のすべてのものが神聖だ」と言うことができてこそ、平和の理想郷が展開されるのです。上だけ、前だけ、後ろだけが神聖だとしてはいけないのです。「全体が神聖だ」と言うことができる環境的内容を抱かなくては、その中に神聖な神様が入っていらっしゃるとしても、それ自体も神聖なものとなることはできません。（一九八―一八三、一九九〇・二・五）

神様を愛で解放してあげてこそ、この世界に平和の王宮、愛の王宮が設定されるのです。そこから万世の伝統的国家基準の前に縦的な愛、横的な愛の一致がなされて万国と天上天下、全宇宙が愛に和動することができる、すなわち神様を褒めたたえ、神様の愛を褒めたたえることができる息子、娘、神様を褒めたたえることができる民、神様を褒めたたえることができる国、神様を褒めたたえることができる宇宙となるとき、そのようなものが地上に現れれば、それが地上天国なのです。（一七九―三二三、一九八八・八・一四）

三　神様と人類の願い、平和世界

神様は、人間をどれくらい愛されたのでしょうか。最も愛されたのです。愛することができなくて恨《ハン》を抱いた神様なのです。神様は天地万物を造っておいて、どのような世界にしようとされたのでしょうか。幸福の園、愛の園、平和の園、自由の園にしようとされたのです。それで、万世の解放の門を開き、栄光の中で万民と共に生活する父となれば、家庭においても父であり、金《キム》氏一族においても父であり、国に行っても父であり、世界のどこに行こうと父だというのです。父としての神様として生きようとされたのです。「尊厳な、神聖な神様」ではなく、実際生活において感情を備えた意味での神様として生きようとされたのです。（一五四―三二六、一九六四・一〇・五）

今日、人類歴史は自由を求めるために数多くの戦争を繰り返してきたという事実を、私たちは知っています。個人を中心として見れば、個人もそのような闘いをしてきたのであり、家庭を中心として見ても、家庭もそのような闘いをしてきたのであり、あるいは氏族、民族、国家、世界に至るまで、いまだそのような闘いが継続しているのです。志を抱いて考える人々が、この世界が何によって拘束されているのかは分からないのですが、そこから解放され、自由の天地、平和の世界、一つの理想的世界が現れることを望むのは、いかなる人々、いかなる時代を問わず考えてきたということを私たちは知っています。そのような観点から見るとき、今日、この歴史過程に、あるいはこの地球星にいる人類は、解放を待ち望んでいるのです。

このように、悪なる人によって拘束を受けるようになったのが今日の人類歴史であり、悪なる人だけでなく、悪なる神の前に拘束を受けた人類歴史であるとすれば、今日、私たち人間が解放を要求する立場に立ったというのは当然のことであり、解放を主唱するのは当然のことだと思うのです。それゆえに、古来どこの誰を問わず、今日の人類社会を見つめるとき、誰もが平和の一つの世界、統一された理想の世界を夢見なかった人はいないというのです。（八五―二二六、一九七六・三・三）

今日、数多くの人々が天国を願っています。理想郷を願っています。より平和な世界を慕っています。何よりも高い平和の世界、その平和の世界はどこから始まるのでしょうか。人間の誰もが上がっていくことができる、その一番下から始まるのでしょうか、もっと上がっていって始まるのでしょうか。今日、堕落した人間世界において、努力して精誠を尽くして到達したとするその位置で終わるようになれば、その位置が堕落した世界の終着点になることはできますが、神様が創造された創造理想世界の目的地になることはできません。堕落した世界の終着点となると同時に、新しい天国の出発点となるのかは分かりませんが、それが天国の終着点となることはできないのです。(四六―一一九、一九七一・七・一八)

現在の世界を見つめるとき、このような世界のままでは、私たち人類は幸福に生きることができるとは考えられないことを、私たちは知っています。全人類が平和を望み、一つの世界を望んでいるのですが、このままではそのような世界は訪れそうにない、ということも事実です。しかし、私たち人間が望む一つの世界、あるいは理想世界というものは、今日、人類の切迫した願いとなっています。古来、いかなる時であろうと、人間はそのような思想をもって生きてきました。一つの世界と平和は、人類が望む切迫した希望であると同時に、これは、いずれ成し遂げられなければならないことなのです。もし神様がいらっしゃるとすれば、なおさら、このような世界をただそのまま見ていたいと思われないはずです。人が一つの世界を望むのと同じように、神様も一つの世界を望まざるを得ないのです。(五三―一二二、一九七二・二・一三)

世界が一つになり、平和な世界、幸福な世界になってほしいということは、優れた人であろうと優れていない人であろうと、学のある人であろうと無学な人であろうと、老若男女を問うことなく、誰もが歴史を通して望んできたことだということを私たちは知っています。過去においてもそうだったのであり、それればかりでなく現在に生きている志ある人ならば、誰でもこのような心をもたない人はいないということを私たちは知っているのです。(六一—五七、一九七二・八・二七)

私たち人間は、人生の道を歩んでいます。人間として行くことができる人生の運命の道を歩んでいくにおいて、すべて共通の目的に向かって歩んでいるのです。数多くの宗派がありますが、その宗派の目的は一つです。その一つの目的を達成することです。世界ならば世界の平和、統一世界ならば統一世界、一つの理想世界の帰結点に向かって、目標点に向かって走っているのです。したがって団体がどれほど多くても、それらが一つ一つばらばらに走ってはいけないのです。言い換えれば、指と同じです。十本の指が闘ってはいけないのです。闘っては何もできません。(六三—二〇、一九七二・一〇・二)

神様がいらっしゃるとすれば、どこから一度歩みたいと思われるでしょうか。神様がいらっしゃるとすれば、愛する人の美しい心の世界で歩み、暮らしたいと思われるはずです。愛する人の心の中で暮らしたいと思われるのです。どのような心ですか。平和で、風が吹かない静かな水辺

のような、そのようなところで暮らしたいと思われるはずです。（二〇〇二・一・二三、一九七八・一二・一〇）

人類歴史を中心として見るとき、歴史的願いとは何かというと、人間たちが堕落しなかった本然の基準、本然の出発点がこの地上に現れることです。これが歴史的な願いです。それは、古来、数多くの預言者がみ旨の前で死の道を歩んでいきながら願ってきたことです。そのみ旨が結実し得る時が「父母の日」であり、「子女の日」であり、「万物の日」であり、さらに進んでは「神の日」なのです。これらの日は、神様が天地万物を創造して初めて喜び得る一日となるのです。神様が喜び得る日であると同時に、人間始祖であるアダムとエバが喜び得る日です。また、アダムとエバが喜び得る日であると同時に、アダムとエバの主管を受けなければならないすべての万物が喜び得る日です。すなわちその日は、神様の喜びの日が設定されるのであり、人類始祖の喜びの日が始まるのであり、それだけでなく、地上に存在するすべての万物が喜び得る日となるのです。そのようになってさえいれば、本当に嘆息圏がない自由と平和の宿る本然の世界の出発を見ていたはずです。これが創造理想でした。（五八—二〇五、一九七二・六・一一）

神様は、平和と愛の園を成すために被造万物を創造されました。喜びの中で万物と関係を結ぶために万物をつくられたのであり、喜びの中で人間と関係を結ぶために人間を造られたのです。人間が争い、サタンが争う天地となることを願ってつくられたのではありません。それは、天地法度の原則から外れることです。（一一—二九四、一九五六・一二・一六）

その本然の園は、愛の園であると同時に平和の世界であり、神様の愛を中心としてお互いが仲むつまじくし、すべてが一つになる統一の世界だというのです。（二—二四三、一九五七・六・九）

エデンの園は、自由の天国です。その天地には誰も反対する人がいません。神様だけが運行し、愛だけが宿ることができます。平和と幸福だけがある、安息の住みかがエデンの園でした。（二〇一―二二九、一九六八・五・一）

私たちが見つけたいと願っている本然の園は、幸福の園であり、神様に賛美と感謝をお返ししてさしあげなければならない世界です。また、その世界は、生命を中心とした希望の世界であり、生命と愛を中心とした平和の価値と統一の価値が実現された世界です。

神様の愛の理想の園と反対となるこの世界は、実体的に分立と紛争が絶えることのない世界です。言い換えれば、愛を中心とした平和の理念が具現された真理の世界ではなく、サタンが寓居《ぐうきょ》して天倫を破壊する世界であり、ねたみと嫉妬《しっと》によって闘争と分裂が絶え間なく起こっている世界なのです。（二―二四五、一九五七・六・九）

神様がいらっしゃるとすれば、神様が理想とされた真なる世界があるはずです。もし神様が計画し願われた真なる愛を中心とした理想世界がこの地上に成し遂げられたならば、その世界は、平和と愛の世界とならなければならないはずであり、統一された世界とならなければならないはずです。（一九―一八七、一九六八・一・七）

皆さんが神様の愛の圏を通るようになれば、どのような気分でしょうか。春の日の香りが漂う春の園の、花という花はすべて見て、香りという香りはすべてかいで酔った気分と同じです。また、春の季節の芝生に座っているとき、綿のようなもくもくした雲から、形容することができないほどの何かを感じる気分と同じです。そこでは細胞が踊りを踊ります。細胞も呼吸をしています。それゆえに、神様の愛は、生命力をもったあらゆる存在の力の源泉であり、幸福の源泉です。喜楽や平和、人生が願うものの絶対的な要件であり、信仰の絶対的な要素となります。また、霊界に行けば神様の愛が法です。（二四―三二四、一九六九・九・一四）

今まで、神様が六千年間復帰摂理をしてこられながら、人類に対して、「ああ、私はこのようにつらいのに、お前たちは私の悲しみも分かってくれないのだなあ」という恨みの心をもってこられたとすれば、神様のみ旨である平和の世界は成し遂げられないはずです。また、真なる場所で生きていきたいと願われる神様の願いも成し遂げられないはずです。神様は、神様御自身だけが平安であるために復帰歴史をしてこられたのではありません。（二五―九九、一九六九・九・三〇）

人々は、もっと良い所を探してもがいています。もっと良いことの帰一点は、心が永遠に喜ぶことができ、心が永遠の生活基盤とすることができるものです。この点は変動がありません。そのような基盤の上では、主人もそのような主人でなければならず、その主人が主張する世界もそのような世界でなければならないので、世界は、一つの主人のための永遠な平和の世界とならなければならない、という結論が出てくるのです。このような理念と思想を人類と歴史、天宙、そして神様の摂理の前に立てるためのものが、今までの復帰摂理であり、救援摂理です。（一二一―三一一、一九六二・八・一二）

大きなものであろうと小さなものであろうと、いかなるものであったとしても、それらはすべて天地を創造された神様の大理念圏内にあります。また、神様は、それらを愛を中心としてつくられました。そのように造られた大宇宙は、神様が見つめられて最高に喜楽を感じることができる平和の世界とならなければなりません。その目的が成し遂げられて、神様が「私は幸福だ」とおっしゃることができなければなりません。そのような目的を終結させるために、この大宇宙圏内に神様の理念があると同時に愛が宿っている、ということを皆さんは知らなければなりません。（九―一六四、一九六〇・五・八）

神様が怨讐《おんしゅう》の前に見せてあげたいものとは何でしょうか。神様が「お前は私の愛する息子であり、私の愛する娘だ」とおっしゃることができる人間の姿です。歴史路程のいかなる人よりも愛の心情を抱き、父と息子の因縁で渾然《こんぜん》一体となった人間の姿をサタンの前に誇りたいと思われたのです。しかし、このような神様の願いは、創世以降、今日まで成し遂げられることがありませんでした。

全世界の人類は、神様の息子、娘として自由と平和があふれた幸福の園で、神様と共に神権擁護と神人平等を謳歌《おうか》しながら楽しく生きなければならなかったのですが、今、嘆息と絶望の中で苦しんでいます。希望の主体であられる神様を妨げている怨讐《おんしゅう》、良心の道を混乱させるその怨讐に捕らわれて苦しんでいるのです。（二一―二五、一九六〇・一二・一二）

正常な本然の法度に従って、新しい天地の運勢がこの地球星に宿るようになるその時が、まさしく主が来られる時です。主を迎えて目的の世界で楽しむことができ、平和の歌で幸福を万宇宙の前に高らかに誇ることができるその生活が、まさしく天国生活なのです。（一六―一四〇、一九六六・一・二）

復帰摂理過程の中で、試練と塗炭の苦しみの中でうめいている人類をつかんでもがいてこられた神様でいらっしゃるがゆえに、神様は、憂いの神様であり、不安の神様であり、心配の神様であらざるを得ません。そのような神様に私たちの事情を訴えたとしても、その神様は私たちを平和の解放圏内に移すことができないのです。ですから、神様の精誠と私たちの精誠を合わせようというのです。そのようにして、今解放を迎えるのではなく、この時代を過ぎて今後創建する天国に対する理念を見つめて進んでいこうというのです。この天国は、神様が人類を救援しようとされる摂理の目的となり、堕落した人類が指向する目的となるのです。それゆえに、皆さんに「精誠を尽くしなさい」と言うのです。（一七―一一三、一九六六・一二・一一）

今後、人類を再び生んでくれる日が来る、その時が世界的な終わりの日です。出産と同時に息子、娘が生まれるようになるのです。ところで、息子、娘が生まれるためには、天地の万物が神様の圏内に入っていなければなりません。人間を創造される前に天地万物を創造されたように、真《まこと》の子女が生まれる前に外的な天地が形態を整えて、必ず神様が支配することができる外的な世界を形成しなければならないのです。それゆえに、目下、世界のあらゆる思潮は、一つの世界を指向しつつあるのです。最高の理想世界、天国理念を中心とした世界、平和と統一を謳歌《おうか》し、幸福と愛を謳歌することができる世界を指向しつつあるのです。（一一―一二七、一九六三・五・一五）

神様は、人間を造られるとき、あらゆる精誠をすべて尽くされ、また心血と御自身の生命の核

「神様王権即位式」の１周年を迎え、み言を語られる文鮮明先生
（2002.1.13、天宙清平修錬苑）

心をすべて傾けて造られたのであり、愛と愛情をすべて注がれて造られたのです。いかなる力をもってしても、離そうとしても離すことができず、分かれようとしても分かれることができない因縁の中で造られたのです。このように造られた人間なので、そのような人間を見つめられる神様には、初めて平和が宿ることができるのであり、すべての情と幸福は、その人間を通してのみ宿ることができるのです。

永遠不変な愛の因縁の中で造られた人間は、平和の中心となり、核心となることができる存在です。そのようになることができる自信をもって天下万象をすべて抱き、愛さなければなりません。父と息子、娘が手に手を取って心情が深く通い合う中で、「アダムよ！」、「はい、お父様！」としながら、天地のすべてを相続してあげ、それを受けることができる一時を、神様はどれほど待ち焦がれたでしょうか。このような場をもちたいと願われたのが神様の願いでした。しかし、このような願いの一日、神様が待ち焦がれた願いの一日を成すことができないまま、人間は堕落してしまいました。すなわち、そのような愛の懐を憧憬《どうけい》していたアダムとエバが堕落して死んでしまったのです。神様の愛であり、喜びのすべてであったそのアダムとエバが、堕落によって死亡世界へ落ちてしまったのです。死んだというのです。（二〇―二〇七、一九六八・六・九）

今日、私たちが行かなければならず、全人類が絶対的に行かなければならない所、そこはどこですか。神様の恨《ハン》を解いてさしあげることができる所を探して、喜びと希望の日を成して神様の前にお捧げし、心情的な基準において先祖の位置に立たなければなりません。そのような位置を決定しなくては、この世界にいかなる心情の安息の場もあり得ません。それが決定されなければ、平和と幸福の基盤は地球上に現れないのです。（一五―二一八、一九六五、一〇・一〇）

私たち統一食口《シック》（家族）の願いとは何でしょうか。復帰の家庭となることです。私たちの願いもここであり、万国の平和の起源もここであり、天上天下の幸福の基点もここであり、神様の摂理の基点もここであり、天と地がひっくり返る天地開闢《かいびゃく》の基点もここであり、あらゆる人生の価値の根源もここであり、希望の出発もここです。すべてここです。それでは、復帰家庭の中心とは誰でしょうか。真の先祖です。真の先祖は父と母です。（二一―四六、一九六八・九・一）

今日、私たちの恨《ハン》とは何でしょうか。アダムとエバがエデンの園で、真なる父と母として、真なる家庭を成して歴史を出発することができなかったということです。これは、人類の恨である前に神様の恨です。神様が人間を造られた目的は、そのような家庭を立てて、この地上に平和の王国を創建することでした。それにもかかわらず、その家庭が壊れていくことによって、神様は六千年という長い歳月の間、恨を抱かれ復帰の歴史を繰り返してこられたのです。その過程で、恨の峠道を数えきれないほど踏み越えて今までの歴史を成してこられたということを、皆さんは知らなければなりません。（二一―五一、一九六八・九・一）

この地上で真なる息子、娘を中心として、真なる家庭と真なる氏族、真なる民族、真なる国家をつくって世界平和の王国を成さなければならなかったのですが、そのみ旨が破綻《はたん》したので、二千年を延長して新郎の男性アダムの前に新婦の女性エバを再び捜し出し、一日を成すために来られるのです。父と母が事故を起こしたので、本然の父と母の基準を備えなくては、神様の前にあいさつをすることができなくなっているのです。（二二―一六、一九六九・一・一）

平和の福地の園を建設するためには、男性と女性が理想相対を中心として幸福の基盤である神様の祝福家庭を成さなければなりません。したがって、全面的な進撃をしようというその目的は、家庭を中心として神様が喜ぶことができる平和と安息の基盤を備えようということにあります。
（二一―三三六、一九六九・一・一）

人類は、今の位置から抜け出て、より優れた自由と平和と統一の世界、すなわち一つの世界を追求しているのです。したがって、私たち自身も、今後近づいてくる希望の世界のために、より優れた人格を追求しなければならないのです。ここで新たに感じなければならないこととは、私自らがより価値的な存在とならなければならない、ということです。このような問題を私たちは知らなければなりません。（三三―二二〇、一九七〇・七・一九）

皆さんは、皆さんの家庭の息子、娘が貴いと感じますか。皆さんの愛する夫と妻が貴いと感じますか。神様は、それ以上に私たちを愛していらっしゃることを知らなければなりません。夫が妻を愛する以上に愛したいと思われる心が神様の心であり、妻が夫を愛する以上に愛したいと思われる心が神様の心です。皆さんが父母の立場で愛をもって平和の園、自由の園を訪ねていきた

いと思う心が、すなわち神様の心です。（三二―三三八、一九七〇・七・二八）

皆さんは、この民族を平和の王宮の前に立てて万民の祭壇を備え、悲しみをつづってきた歴史を清算していこうという天宙史的な開拓者となり、天の勇兵とならなければなりません。このような使命が、今日、私たち統一教会の信者たちの前に置かれていることを知らなければなりません。（三二―三四一、一九七〇・七・二八）

夫婦の愛を通して一つになることによって、そこに神様と同じ立場から創造の能力を果たすことができるのが子女だというのです。その赤ん坊を生んで、神様がどれほど喜ばれたのかを私たちに感じさせるために、子女に対して愛することができる心を与えられたのです。このように見れば、神様は最も良いものを私たち人間の前に、すべて注いでくださったというのです。このように、永遠であられる神様の愛と一つになって、幸福と満足の中で、平和なエデンで生きるように私たち人間を造られたのです。そのようになることによって、絶対的な神様の前に、私たち人間は神様の愛を中心として永遠に相対となる立場で、別れようとしても別れることができない幸福な人として生きるのが人間の本然の姿であった、ということを私たちは知らなければなりません。（五二―三二九、一九七二・二・三）

父のみ旨とは何でしょうか。アダムとエバが神様の愛を受け、完全に一つとなって父と共に家庭を築き、それから氏族を成し、民族を成し、国家を成し、世界を成し、天と地が平和の天国となって、神様をその国の王として迎えることを願ったのが、また私たち人間がそのように迎えようとしたのが父のみ旨です。（五七―一五三、一九七二・五・三二）

今日、世界で生きている全人類は、本当に混乱の渦中でうめいています。進もうとしても、それ以上進むことができず、未来像をつかむことができない実情圏内で私たちは生きているのです。それゆえに、この人類に「あなた方の願いは何か」と尋ねてみれば、「一つの世界となり、平和の世界となり、統一の世界となることだ」と答えるでしょう。それは、地球星に暮らしている人類ならば、共通した答えとならざるを得ません。

さらに南北が対峙《たいじ》した立場にいる韓民族は、南北統一を願うでしょう。いくら世界に一つの理想世界が実現したとしても、南北に分かれた国家の悲運をもった民族がいるとすれば、その民族は、理想世界とは関係をもつことができないのです。もし自分の国が理想的基準に立つことができなかったとすれば、世界がいくら理想圏に立ったとしても、その民族は、世界の平和と関係がないのです。さらに下の段階に行けば、いくら国が一つになったとしても、私たち個人において、心と体に葛藤《かっとう》があって平和の基準をもつことができなければ、国が平和の基盤を成したとしても、その個人は、国の平和と関係をもつことができないのです。したがって、平和世界を成す前に平和の国を成さなければならず、平和の国を成す前に平和の個人をいかにして設定するのか、ということが基本的な問題として登場したと考えざるを得ません。（二四三―一四四、一九八六・三・一七）

神様は、私たち人間をこの上なく愛されて天地万物をつくられました。六日間でつくられたいかなるものよりも、人一人を第一にして、その栄光とその願いとその厚い心情を中心として造られたということを、私たちは知っています。その人間一人が成長して願いを成就することによって、幸福を謳歌《おうか》し、平和の家庭を築いて神様と共に暮らすことを神様はどれほど願われたかを、私たちはもう一度考えなければなりません。（一五四―一五三、一九六四・一〇・三）

今まで、曲折と恨《ハン》多き歴史的な因縁を知らなかったので、世の中がこのようになったのです。それで、この歴史的な恨を解かなければならないのです。天と地の恨を解き、人類の恨を解き、神様の恨を解かなければ、平和の世界は来ません。来ることができません。いまだ神様が手を挙げ、「万歳！　勝利した。万民よ、私と共に喜べ」と喜色満面して、その息の音に天下万物がすべて巻き込まれ、その笑いの波動があふれるその一日を迎えることができませんでした。（一五四―

（三三九、一九六四・一〇・五）

本郷の地と本郷の祖国とはどこでしょうか。祖国とは、もちろんある特定の一国家的な基準になるのですが、神様が探してこられた人類の祖国は、この地球の人類が願う祖国です。神様が願われる人類の祖国です。この地球星です。この地球の人類が願う祖国です。過去に、数多くの私たちの歴代先祖が犠牲の道を歩んでいきましたが、彼らが天の前に訴えた願いとは何ですか。「願いの祖国の一時が早く来てください」ということでした。天の一国家を立てることによって、今まで天の前に怨讐《おんしゅう》であった大サタンを審判し、悪を除去してしまい、善だけを中心として一つの平和の天国をこの地上に成し遂げておかなければならないのです。それが神様の願いであり、イエス様の願いであり、今までの摂理路程において、非常に大きな貢献をした私たちの先祖の願いであったということを、私たちははっきりと知らなければなりません。（一五五―三二一、一九六五・一一・一）

地球上に生きている五十億人類は、一つの統一された理想世界を望んでいます。人間であれば誰でも、これを願わない人はいないと思うのです。また、人間以外に真なる神様がいるとすれば、その真なる神様もこれを願うはずです。真なる神様とは天のお父様のことをいうのですが、天のお父様は絶対者であられ、全能であられるお方であり、あらゆる所に存在されるお方なので、そのお方が願われるならばできないことがありません。また、そのお方が願われるならば、ない所から創造なさることもでき、可能でないことがないといわれます。そのような絶対者の願いが、人類の平和と統一が成し遂げられた世界だというのです。（一七三―一二二、一九八八・二・一四）

私たちは、深刻な道徳的混乱、世界紛争、環境問題、犯罪等で彩られた二十世紀を清算し、希望の中で二十一世紀を迎えなければならない歴史的な大転換期に立っています。人類は、戦争と苦痛がない平和の世界を渇望しています。しかし、希望よりも、逆に次第にひどくなっていく物質万能主義の傾向とともに、国家権力と宗教が正しい影響を及ぼすことができない中で、青少年たちの退廃、家庭破綻《はたん》、麻薬とエイズ等は人類の将来をより一層暗くしています。高度に発達した科学技術も、便利な情報通信の発達も、経済開発と政治的努力も、人類の幸福と、真なる家庭を通した平和な世界をもたらすことができずにいます。（二九四―〇六一、一九九八・六・一一）

四　平和の根源は神様

今まで人類は、永遠で変わることのない真なる愛と理想と幸福と平和を追求しない時がありませんでした。しかし、現在においては、皆さんもみな知っているように、反目嫉視《しっし》し、変化の激しい現世においては、このような私たち人類が追求してきた理想的な愛、幸福、平和の要件を探すことのできる希望を喪失していることを、私たちはよく知っているのです。それだけでなく、今は袋小路に直面し、壁にぶつかって自ら窒息している状態にいるということを、私たちは直視しているのです。

このように、人間は様々な努力をしてみたのですが、人間が真に要求する真なる人や、真なる理想や、真なる幸福や、真なる平和といったものを願ったにもかかわらず、そのような要件を成就することができる希望さえ喪失してしまった悲惨な実情におかれている、ということを私たちは知っているのです。ここで私たちが知ることは、この変わる人間像を超えて、永遠でもあり、不変でもあり、絶対的であるそのようなお方がいらっしゃるとすれば、そのお方こそ私たちが知っている神様であらざるを得ないことです。神様がいらっしゃるとすれば、その神様は、私たち人類が願う真なる希望の中心であり、真なる幸福の中心であり、真なる平和の中心であり、真なる愛の中心であり、真なる理想の中心とならざるを得ません。神様は、愛の王であり、理想と幸福と平和の王とならざるを得ないのです。このような神様と私たち人間が同じ願いの基準、同じ希望の位置、苦楽を共にすることができるこのような位置に入っていくためには、神様を中心として、真なる愛がどこから始まり、真なる理想と真なる幸福と真なる平和がどこから始まるのか、その根源をはっきりと知らなければなりません。それを知らなければ、私たち人類が願う、このような理想的要件を成就させることはできないと思うのです。(七七―一八〇、一九七五・四・六)

神様を主体として侍り、神様を父として侍ることができる立場に立った人間自身であることを発見するようになるとき、そのお方の愛の対象、そのお方の理想の対象、そのお方の平和、幸福の対象となることができる人間が永生するという事実は、最も理論的な結論です。今日、この地上に住んでいる人々がただ七、八十年生きたのちに、何だかんだと暮らしたのちに逝ってしまう人間で終わると思ったならば、それは誤った認識です。神様は永遠であられ、人間はそのお方の永遠なる対象の位置に立ち、その子女の位置にいるので、人間も永生しなければならないことを知らなければなりません。

今、皆さんは、神様を主体とし私たち人間を対象とした、主体と対象の関係を知りました。今、もう一歩踏み込んで問題となるものは何でしょうか。知恵の王であられる神様がここで考えざるを得ないことがあるのですが、それは、神様御自身を中心として見るとき、どこに真なる愛や真なる理想や真なる幸福や真なる平和といったものの起源をおくのか、ということが問題とならざるを得ないのです。

今、問題は、真なる愛の起源をはっきりと知らなければならない、ということです。真なる理想、真なる幸福、真なる平和の起源をはっきりと悟らなくては、新たに悟ることなくしては、永遠であられる神様の愛、理想、幸福、平和を、私たちが同参して成すことができないのです。それゆえに、いかなる位置にこのすべてのものの起源をおくのかということを、知恵の王であられる神様は、問題視せざるを得ないというのです。

それゆえに、知恵の王であられる神様がこの幸福の起源をいかなる道におくのかという問題を考えるとき、主体となられる神様御自身も、対象のために存在することができる道に、真なる愛、真なる幸福、真なる理想、真なる平和の起源をおかざるを得ないというのです。（七七―一八五、一九七五・四・六）

人間始祖アダムとエバとは、どのような人でしょうか。体をまとった神様です。その心に神様がいらっしゃるのです。このように内的な主人と外的な主人の二人がお互いに万事一致して宇宙の平和の基準となり、幸福の絶対安定基準となって、そこから天下の幸福をすべてはかりに掛けるようになっているのです。(四〇―三四六、一九七一・二・一二)

果たして、この世界的な大混乱を収拾する真なる解決方案はないのでしょうか。人類は、このすべてのことを断念し、滅亡の日を待たざるを得ないのでしょうか。決してそのようにすることはできません。問題の根本的な解決方案があるのです。その解決方案は、絶対神（神様）の実存を前提とした解決方案です。それは、絶対神がこの地上に実現しようとされた世界が、まさしく混乱のない平和の世界だったからです。したがって、神様の実存と神様の創造を認めなくては、今日の世界問題の解決は不可能なのです。これを言い換えれば、今日まで人間がこのような神様の実存と創造目的を知らなかったので、今日、大混乱の世界をもたらしてしまっているのです。

神様が地上に実現しようとされた世界は、真なるユートピアであり、自由と平和と幸福が充満した世界です。このようなユートピアの理想を胸に抱き、神様は今日まで切ない心で地上人を捜してこられたのであり、人間は人間なりに混乱の中で苦痛を受けながらもユートピアを探し回ってきたのです。与えることができずに切なく思われる神様の理想と、探し回る人間の理想が同じなので、神様と人間が相まみえるようになれば、ユートピアはすぐに実現するようになっていた

米国独立200周年を記念するため、文鮮明先生はニューヨークのヤンキースタジアムで「神のアメリカに対する希望」をテーマに講演された（1976.6.1）

のです。それにもかかわらず、その神様と人間の出会いが全体的分野においてなかったので、人間は長く苦痛を受けてきたのです。（一二九―三三七、一九八三・一二・一四）

神様は、どのようなお方でしょうか。愛の神様です。それでパウロは、「誰が、キリストの愛から私たちを引き離すことができましょう」と言ったのです。キリストの中にいる神様の愛、キリストも神様の愛がなければ何でもありません。したがって私たちは、神様の愛を何よりも好むのです。その神様の愛は、生命の源泉であり、幸福の源泉であり、平和の源泉です。皆さんが霊的体験をしてみれば、これを知ることができます。

平和の世界を人間だけで夢見るということ自体には、望みがありません。今日、世界の混乱相を見つめるこの天地において、「平和だ」、「統一だ」と言って一つの世界を夢見るということは妄想にすぎないというのです。しかし、神様がいるとすれば、それは可能です。（一二一―一八四、一九八二・一〇・二九）

全知全能であられる神様が今まで数万年の歴史を通して人類を導いてこられたのですが、どうして善の目的を成すことができる世界へ導くことができず、終局に来ては、このように失望と絶望の世界へ向かわざるを得ないようになったのでしょうか。これは深刻な問題です。「神様はいない」と断定することができる内容にもなるのです。神様がいないとすれば、私たち人間が願う理想や、あるいは平和の世界、人間たちが追求していくユートピア的内容が、未来において可能なものとして人間たちの前に迎えられるのでしょうか。今まで、長い歴史路程を通して、考える人、あるいは無数の哲人がそのような世界を追求したにもかかわらず、それに達しないで現在にとどまっているという事実を見るようになるとき、私たちの未来にそのような希望の世界をもたらしてくれるとは考えることができないのです。（一三〇―一八、一九八三・一二・一一）

洋の東西を問うことなく、人間はたとえ罪悪と不信と混沌《こんとん》の中に生きているとしても、永遠で真なる愛と理想と幸福と平和を激しく願ってきました。悪を指向する欲望の誘惑を退け、善を追求する欲望に従って本心が喜ぶ幸福を見つけようと、ありとあらゆる努力を尽くしてきました。歴史を通した人類の経験では、このような目的を成就することは不可能だという結論が出て余りあるのですが、人間の本性は、これを簡単に放棄することはできません。民族と伝統に関係なく、人生が追求する究極は、一つの道であることを知ることができます。

この目標の成就が人間の力だけでできないとすれば、私たち人間を超えて永遠で真なる絶対者を探し、そのお方に依存せざるを得ないはずです。私たち人間は、自らの有限性を知っている唯一の存在です。人間は、自分自身を超越して自らの運命を開拓していくことができないので、これをすることができると思う対象者、すなわち神様に依頼するようになっているのです。その神様が真なる愛、真なる理想、真なる平和と幸福を願われるとすれば、そのお方を通してのみ、これが可能になると思うのです。神様を通して人類が追求してきた理想的要件を成就するためには、そのお方が提示する内容を私たちが知って、具体化しなければならない、という結論に至るようになります。

神様がこのように人生の背後で作用してきた超越的な力とその関係性は、もし人類が願いさえすれば全体に通じるものなので、人生が進むべき道は二つとはなり得ないのです。個人の道がそうであり、その理想的な個人が成す家庭の道、国家、世界の道もまたそうなのです。すべての道は、絶対者、神様が理想とされる愛と幸福と平和の世界を指向するのです。

愛や理想、幸福や平和という言葉は、一人では成立しない言葉です。これは、必ず相対的関係において成立する言葉なので、絶対者であられる神様であったとしても、その理想は一人では成すことができないのです。(一三五―一二八、一九八五・一二・一六)

今日、全世界の人類は、自分たちでも分からないのですが、平和の世界、幸福の世界を追求しています。それと同時に、自由を追求しているという事実を、私たちは知っています。これはすなわち、根本的な自由の基盤の上に立つことができず、平和と幸福の根本となる位置に立つことができなかったためだということを証明することです。

もし神様がいらっしゃるとすれば、そのお方は絶対者であられ、全能であられるお方なので、そのお方によってつくられたすべてのものは言うまでもなく、その神様が自由であられるならば、そのお方と共に私たち人間も自由でなければならず、神様が平和な位置にいらっしゃるならば、私たちもそのお方と同じ位置に立たなければならないと思うのです。

私たち人間世界に自由と幸福と平和がないという事実は、すなわちこの被造世界、この宇宙を創造された主人がいらっしゃるとすれば、その主人が自由でなく、幸福でなく、不幸な立場にいるというのと同じだという事実を、私たちは推察することができるのです。このようなことを、今日、宗教界では「堕落した」と言うのです。堕落とは何かというと、本然の基盤から落ちた、完全となり得る位置から不完全な位置に落ちたのと同じだというのです。

愛によって生まれた人間自身が行かなければならない道は、父母の愛から始まって父母の愛を受けながら成熟し、そして夫婦の愛で、またその次には子女を生んで愛しながら行かなければなりません。しかし、私たちの人生が幸福と平和と自由を完成した家庭基盤となることができずにいる、ということを私たちは知っているのです。（一三五―一六六、一九八五・一二・一五）

絶対的な神様は、悪神を屈服させなければなりません。屈服させるにおいては、今日、私たちが言う「武器」でするのではありません。これは、天地の大原則を中心として悪神の起源を暴かなければなりません。本来、絶対的な神様お一人がいらっしゃったのですが、そこに悪神が生まれたというのです。もし悪神がもともといたとすれば、一元論が二元論になってしまうのです。そのように、根本が二つから出発したという歴史的起源をもったとすれば、その世界には一つの世界や理想世界や統一世界といったものはあり得ません。常に対立した闘争の結果をもって世界は前進せざるを得ません。一つの世界や理想や平和といった、このような定着した理想型を描くことはできないと思うのです。

今日、唯物論を中心とした共産世界は、「神はいない」と言います。神様は人間が捏造《ねつぞう》したものであると考えているのです。もし悪魔がいるとすれば、その悪魔が唱えることができるただ一つの世紀末的な最後の主張は、「神はいない」ということです。「神はいない」と主張したとおりに世界人類が従っていくようになれば、いくら絶対的な神様が一つの平和の世界を描いたとしても、それは成すことができないと考えるのです。（一四九―八六、一九八六・一一・一七）

皆さんは、「神様はいない」と言いますが、神様がいなければ、偽の神様でも立てて世の中を収拾しなければならないのです。偽の神様でも立てなくては、民主世界を収拾することができず、退廃的な世の中を収拾することができません。神様がいないとしても、仮想的にでも「神様はいる」としてこそ、現在の人類の運命を延長させることができるのです。その神様がいるとすれば、仮想的神様から神様がいるということを発見するならば、世界は生き残るので

指導者を教育される文鮮明先生

すが、神様を否定するならば、すべて淪落《りんらく》に陥ってソドムとゴモラのように自滅するのです。今がその時です。仮想的な神様、その神様は仮想的であって絶対的ではありません。全人類の心の中心とならなければならないのですが、そのようにしようとすれば絶対的な愛、絶対的な倫理道徳を主張していかなければなりません。それは宗教と通じるのです。仮想的神様から本物の真の神様を発見する時までは、このようにでもすることによって人類が残るようになるのです。今回、このような内容を提唱しようと思います。（一六四―二九四、一九八七、五・一七）

神様が平和の教育材料をこの地上の人間たちの前に教えてあげようとすれば、どのような材料を求めるでしょうか。愛の材料を求めるはずです。愛の材料を求めようとすれば、愛という言葉、それは目に見えないので、愛をもった男性と女性を求めるはずです。それは必然的な帰結です。自分の体以上に女性が男性を愛することができる、そのような概念をどのようにして発掘するのでしょうか。これが問題です。統一の起源、平和の起源をどのようにして探していくのか、という問題が重要です。それを可能にすることができる力がなければならないのですが、その力が愛だというとき、その愛をもって自分の位置を否定して相手の位置を高め得ることを、理論的に何を追求することによって立てなければならないのかというのです。

創造当時、神様も愛ゆえに創造したという論理を立てなければ、統一的平和の起源を発見することはできないのです。それゆえに、愛の前に、神様も絶対服従です。「あー、神様は絶対者なのに、愛の前に絶対服従とは、それは何だ」と言うかもしれませんが、神様は絶対愛の主体なので、愛の前には絶対服従するのです。(一九三一―一五三、一九八九・一〇・三)

何によって人種の塀を壊して理想世界を成し、どのようにすれば平和のつまずきの石を根本的に除去することができるのでしょうか。一族会議の時だけでも各人の意見がどれほど入り乱れ、一つの家庭の中でも和合がどれほど難しいですか。どこからであろうと、解決の糸口は必ず探さなければなりません。また、世界の相違した文化と伝統を調和させて、戦争のない人類一家、幸福な世界への出発点は果たしてどこでしょうか。人類が万有の根本であられる神様に対して各自の始原であり、根であるということを自覚し、天理に従うただ一つの道において根本解答を探さなければなりません。(一九〇―二二〇、一九八九・六・一二)

人はみな、自分が世界一になろうと思うのです。皆さんは世界一になりたくはありませんか。それはどこに行って満たすのですか。人間世界では満たすことができません。それがある限り、平和の世界はあり得ません。高い位置に行くためには競争心というものがあるのです。それを取り除くことができますか。それがなぜなければならないのかを知らずにいるのです。そのような本性的な素性《そせい》を中心として整理しなければならない問題がかかっているのに、それが解決できないことによって「神はいない」と否定するようになったのです。（二七七―六〇、一九八八・五・一五）

自由と平等、すべてが実現された真なる平和世界の実現は、真《まこと》の愛の根源である神様を探し、神様と一つになることによってのみ可能なのです。

人類が希求する真なる平和の世界は、上から下に成し遂げられるものでもなく、下から上につくられるものでもありません。神様を中心としてすべての個人が真なる家庭を築き、神様に侍って生きるとき、初めて自由で平和な永遠の世界が建設されるのです。（二七一―九〇、一九九五・八・二二）

三大主体とは誰でしょうか。神様です。神様は主人の中の主人であり、神様は父母の中の父母です。根です。神様は師の中の師です。これは、金日成《キムイルソン》の三大主体思想ではありません。創造理想を中心として、愛を中心とした三大主体思想は、主人思想、それから父母思想、それから師の思想です。国で比較すれば、父母は家庭にいて、師は学校にいて、主人は国にいるのです。これをどのように連結させるのかという問題、愛で和するようにさせるその論理的な何かがないのですが、統一教会は論理的内容を備えているので、国家に適用すれば国家の平和の世界、世界に適用すれば世界の平和の世界、天地に適用すれば天地の平和の世界が真の愛を中心として訪れるの

です。（二一九―一七〇、一九九一・八・二九）

神様は、真なる平和の世界を再び探そうとされています。言い換えれば、創造本然の世界を復帰、または再創造しようとしていらっしゃいます。ここで私たち人類は、真の平和に対する希望をもつことができるのです。神様は人間一人一人から邪心を追い出し、御自身が住むことのできる聖殿に復帰しようとされているのです。

それゆえに、世界平和は一個人個人の完成から始まります。一個人個人が神様の聖殿として完成した人間とならなくては、世界平和は芽生えません。世界平和の出発点は、まさしく皆さん一人一人なのです。（二一九―一一七、一九九一・八・二八）

私たちは、心の世界を代表する宗教自体が平和世界を成すための主体的責任を全うできなかったことを反省しなければならないと思います。宗教が現実世界を指導し浄化する生命力をもつことができず、むしろ本来の使命に逆行しているということを否定できないはずです。

私が知っている神様は、人間が論理を整えて集大成した教理内容に執着しません。神様は、私たちすべての父母であられ、根源者であられるので、真《まこと》の愛を中心として人種と宗派と文化を超越していらっしゃり、差別をしません。したがって宗教人は、当然、万民救援とともに平和理想世界を実現しようとされる神様の真の愛のみ旨に、完全に従わなければなりません。宗教は、現実に安住することなく、生きていらっしゃる神様と共に、真の愛と真の生命力のある対話をしていく、生きた信仰の道を歩んでいかなければなりません。（二一九―一一〇、一九九一・八・二七）

宇宙の存在の根源は何でしょうか。絶対的な存在ではなく、絶対的な存在を一つにすることができる絶対的な愛が宇宙の存在の根源となり、起源となるならば、この天地は平和の世界を造成し得る、という結論を出すことができるのです。そのような愛ゆえに、すべてのものが宇宙に存続し始めたという結論を出せば、愛ゆえに平和と理想も顕現するという論理は自動的に発生するのです。（二一五―二二九、一九九一・二・一八）

いかなる聖人においても、「心と体の統一が万事統一の基本となる」ということを主張した人はいません。「家和万事成《いえわしてばんじなる》（家庭がむつまじければ万事うまくいく）」と言ったように、家が和合すれば万事が成されるということは事実ですが、和合しなければならないそのお父さんとお母さんの心と体が和合しているのかというとき、そうではないというのです。十人が暮らせば十人の心と体が和合してすべてが一つとならなければならないはずですが、サタン世界では十人の心と体が闘っているので、二十の輩《やから》になっているというのです。そこに平和があるはずはありません。

それでは、なぜこのような輩《やから》に分かれるのでしょうか。体は体が願うままに行こうとし、心は心が願うままに行こうとするので、方向性が東西南北に三六〇度異なります。ある人は物質を中心として心と体が分かれており、ある人は名誉を中心として心と体が分かれており、ある人は権力を中心として心と体が分かれています。このように、自分の嗜好《しこう》を中心として心と体が闘争する方向を経るので、その環境では平和があり得ません。平和の起源は一から始まるのですが、その一つの起源となるものが何かというと、一人のお方である神様です。その神様の主義を中心とした神側の家庭、神側の人です。神側の人とは、心と体が一つになった人のことをいうのです。
(二一三―〇一一、一九九一・一・一三)

先生がすることは、大韓民国の民として大韓民国の人々がすることとは異なります。きょうのみ言《ことば》の題目は「私の国の統一と世界平和」です。統一したその私の国も、世界平和圏内に入っていかなければなりません。それゆえに、先生が主導することは、世界平和のためのものです。その平和は、ある教派を中心とした平和ではありません。今までの歴史時代における宗教圏の伝統でもありません。非宗教圏が願う伝統でもありません。神様を中心とした天の国の伝統を受け継いで、この地上に着地しなければならないというのです。(二〇四―一六六、一九九〇・七・八)

第二章　平和はどのようにして成し遂げられるのか

一　人間の堕落と復帰、そして平和世界

人間が堕落したその日から、この地上には苦痛と悲しみと悲惨の歴史が始まったことを私たちは知っています。これは、創造当時に神様が計画された本来の目的ではありません。神様もこのような世の中は願われなかったのであり、人間もこのような世の中に生まれて生きることを願いませんでした。そのようなわけで、神様はこの悲惨な歴史、悲しく苦痛な歴史を清算し、本来願われた平和の世界、幸福の世界、自由の世界、善の世界を取り戻すという目的を立てられ、この堕落した世の中を収拾してこられているのです。これがすなわち復帰の道であり、救援摂理の道なのです。（一四―四七、一九六四・五・三）

真なる理念をもたなければならない人間が真なる理念をもつことができず、幸福な環境で暮らさなければならない人間が幸福の園を失ってしまいました。自由と平和を謳歌《おうか》し、さらには、私の心情に染みわたる幸福の全体要素をもって、創造主の前に栄光をお返しする人間とならなけれ

ばならなかったのですが、そのような人間となることができませんでした。このようなことを考えてみるとき、これよりもかわいそうなことがなく、これよりも悲しいことがない、ということを私たちは先に知らなければなりません。（六―二六八、一九五九・六・七）

死亡の歴史がこの地上に始まったその日から、この地は、平和の地ではなく苦痛の地となったのであり、死亡がこの地上に腐食したその日から、人間が対するすべての所において、平和ではなく争いの歴史路程を経てくるようになったのです。個人においては個人的な争いがあったのであり、家庭においては家庭的な争いがあったのであり、またこの争いは民族的な争い、あるいは世界的な争いとして広がり、世界中どこでも争いがない所がない、そのような歴史を経てきた、ということを私たちは知らなければなりません。（四―一八九、一九五八・四・二〇）

人間始祖アダムとエバから生まれたカインとアベルは、神様の愛を中心として生まれた息子、娘ではありません。アダムとエバは、神様のむちによって追われ、追い出された私たちの先祖です。そのような人が私たちの先祖だというのです。本来、アダムとエバは神様から、「愛するアダムよ、愛するエバよ、万宇宙の創造目的の世界、愛の園を建設するために、私はあなた方を造ったので、あなた方は平和の王であり、幸福の王である」という祝福を受けなければなりませんでした。この地上において、ほかのいかなる存在も王となることはできません。私たちの先祖だけが王とならなければならなかったのです。アダムが千秋万代、永遠無窮に地上の王として、天上の王として立つことができたはずです。天地が生じ、神様と人の因縁が生じたのちに、初めて「王」の名をつけることができたその方が誰かというと、ほかならぬ私たちの先祖アダムだというのです。(九―三二七、一九六〇・六・一九)

サタンは、私たちの真《まこと》の父母を蹂躙《じゅうりん》したのであり、私たちの真なる家庭、真なる兄弟を蹂躙したのであり、真なる氏族、民族、国家、世界を蹂躙したのです。その上、今まで神様を苦難と逆境に追い込んできた張本人です。私たちは寝ても覚めても、生命の切れる時まで、天宙史的な恨みを残したこの怨讐《おんしゅう》を撃退し、神様が願われた平和の世界、愛の世界、幸福の世界を神様の前に成し遂げてさしあげなければなりません。これが子女となった私たちの責任であるということを知っているので、このために決起しなければなりません。(一三二―二四五、一九六四・三・二九)

本来人間は、エデンの園で、神様を中心として永遠の自由と理想と平和を享受しながら生きなければならなかったのですが、人間始祖アダムとエバが堕落することによって、そのような本然の世界は成し遂げることができませんでした。このように堕落したアダムとエバの子孫が私たちなのですが、本然の世界を指向する本心があるので、私たちは神様が願われる世界に向かってきたのであり、私たちのその願いは、行かざるを得ず、向かわざるを得ない理想として残されたのです。

もしその一日が天地に訪れないのであれば、言い換えれば、天地を動かすことができる一つの中心存在、そしてその中心存在を中心として共に動くことができる存在が現れ、天と地が一つとなって一つの目的を指向しないのであれば、この地上には、真なる自由と平和と理想が成されることはありません。そのようになれば、人間は、宇宙的な運命の蕩減《とうげん》復帰の歴史過程から抜け出ることはできません。

このような事情があるので、神様は、私たちに栄光としてお訪ねになることができないのです。また、平和と自由と理想として訪ねてこられることもできないのです。逆に、祭物の峠を中心として私たちを訪ねてこられるしかありません。このような事実を、今日、イエス様を信じる信徒たちは知らずにいます。（二一一二、一九五七・三・一〇）

堕落した人間であり、堕落していないその本然の状態と神様を失ってしまった人間であり、神様を失っていないその位置と人類の真の父母を失ってしまったので、真の父母を失っていないその位置を探さなければならないのです。神様と理想の真の父母を中心とした平和の園で、子女と

北朝鮮に対する救援物資の寄贈式と宗派別の歓送礼拝が韓国・仁川の第５埠頭で開かれた。この日、「世界平和家庭連合」は750トンの救援物資を送った（1998.5.2）

して生活することができるその位置を私たちは探していかなければならないようになっています。それで、このことを成就するためにも、今日、私たちには、新たに「救援摂理」という名詞が残されているのです。（三一—四七、一九五七・九・一二）

神様は、堕落した人類に、時代に従って新しい理想と新しい心情を探してくださりながら、今まで摂理を繰り返してこられました。外的な基準はもちろん、内的基準の実体としての人間は、心情的な絶対基準に立ってその目的世界で生活しなければならなかったのですが、堕落してその世界を失ってしまったので、今まで人間は、長い歴史を通してその目的世界、理想世界、幸福で平和で自由で喜びのあふれる世界、心情が安らかに休むことができる最高の世界を探してきたのです。

もし心情の基準を立てないままその世界を探し出せば、それは、ある一時に再び整理しなければならないはずです。いかなる理想があったとしても、あるいは全世界を一つにして理想的な平和の世界を樹立してみたとしても、個々人がその世界を思い、その世界に応じ、その世界の動きに従ってその世界と一つとなる心情基準をもつことができなければ、いかに望んだ理想世界であったとしても、その世界は、自分とは何の縁もないのです。（一五―四六、一九六五・二・七）

世界の数多くの国家の中には、環境は良くなくても種が良い国家もあり得、環境は良くても種が悪い国家もあり得ます。それと同様に、歴史もすべて同じです。もしこの世界がすべて良い種ならば、世界は問題となりません。本来、この世界が良い木から得た良い種として、良い環境で育ったのであれば、今日、この世界は平和の世界、希望の世界、未来が保障された世界となっていたに違いありません。

私たちが生きているこの世界は、平和の世界、希望の世界、未来が保障される世界になっていないのであり、善悪がもつれた世界になっています。周囲に現れる環境は、善の環境よりも悪の環境となっています。このように、周囲が悪の環境によって包囲されているので、いくら種が良くても、良い結実をもたらすことはできないのです。（三三―三二五、一九七〇・八・二三）

私たち人類の始祖が喜びの生活、幸福の生活、あるいは満足の生活、自由の生活、平和の生活から始めて、それが子孫万代まで連結されて永遠の世界に伸びていったとすれば、その世界は、神様の愛の中で主管を受ける世界であり、神様との同行を要求する世界であり、永遠に神様と喜ぶことができる世界となっていたはずです。しかし、そのようになることができなかったのは、結局、人間が堕落したからです。その結果は悲惨なものになりました。この世界には平和の代わりに闘争が生じたのであり、幸福の代わりに疾病苦と様々な混乱相の歴史過程を経て、それが現実まで包括しているという実情を私たちは直視しているのです。（七八―五四、一九七五・五・四）

本来、人が堕落していなければ、神様の愛を中心として、人間の心と体は絶対に二律背反的な位置に立つことはできません。しかし、堕落することによってそのような位置に立ったので、歴史路程を再度収拾し、一つの世界平和圏をつくって安着することができる基地を準備するために、救援摂理、復帰摂理といううんざりする宗教儀式、宗教的一定の規則を通して、受難と犠牲と血の流れる歴史を経てきたという事実を、皆さんは知らなければなりません。（一一三―三二、一九八一・五・一〇）

人類歴史についても同じです。堕落していなければ、私たち人間は理想的な春の園を迎えていたでしょう。その理想的な春の園で、神様が喜ぶことができる人々として成長していたでしょう。そのように育った人類は、この地上に新しい文化世界を創造したでしょう。文化世界を創造したその中で、私たち人類は、平和で幸福に暮らしたでしょう。万物が春夏秋冬の季節に従って順行するのと同じように、人類歴史もやはり、春の季節、夏の季節、秋の季節、冬の季節と同じ過程を経ながら永続する世界とならなければなりませんでした。にもかかわらず、人類が堕落することによって私たち人間の世の中には、人間が喜ぶ蘇生《そせい》の時、栄光の一日を迎える喜びの出発を見ることができませんでした。（四九―三二八、一九七一・一〇・二四）

堕落していなければ、人はどのようになっていたでしょうか。その目と、すべての細胞と、心と体の活動方向全体が「愛そう」と狂っていたはずです。自ら苦労しながら、「愛そう」と夢中になって生きるのです。そのように生きた人は、間違いなく天国の王宮に行くようになります。ほかの所に行くのではなく、天国の王宮に入っていくのです。イエス様は、この地上に来て何をしたのでしょうか。迫害を受け、十字架で亡くなりながらも人類を愛そうとされました。十字架の愛を中心として、それに夢中になっていった人です。愛を受けようとしたのではありません。怨讐《おんしゅう》まで愛そうとしなければなりません。方向転換を世界化させたその時には、平和の世界が訪れます。「愛を受けよう」という意識をもった人々が生きる場所には、平和の世界は永遠に訪れません。

愛そうとすることができる人を育てておかなくては、平和の世界は訪れることができません。統一の世界は訪れることができません。これが神様の人類の前に最後に宣言した課題だ、ということを知らなければなりません。宿命的な課題です。宿命は変わりません。運命は自分の努力で改造することができ、変更することができますが、宿命は変更することができないのです。（一四八―三二四、一九八六・一〇・二六）

堕落は、自分を自覚したところから始まったのです。堕落が人類歴史の破綻《はたん》、苦悩と失敗の歴史、戦争の歴史をもたらしたので、これを一掃して神様の根本問題を知らなければなりません。そのようにして、神様を中心とした愛のために生き、すべてのもののために生きる根源を探し出さなければ、平和の根源を発見することはできません。平和の根源を発見できなければ、平和の世界は探し出すことができません。（一四六―一〇二、一九八六・六・七）

「堕落」という言葉は、一般社会ではそれほど重要視しません。その言葉はあるのですが、その内容をよく知らないのです。天と地、神様と私たち人間だけならば、このようなインデムニティ（indemnity：蕩減《とうげん》）は必要ありません。インデムニティが必要なのはサタンがいるからです。

サタンがいなければ、インデムニティも必要なく、今日宗教統一をして、神様の解放や人類の解放、あるいは歴史的希望の平和時代を自動的に送ることができていたはずですが、堕落によってサタンが侵入すると同時に、このすべてのものが食い違うようになったのです。（一八九―四六、一九八九・三・一二）

神様と人間との関係は、どのようになっているのでしょうか。神様は縦的な父であり、私たちの人類始祖は横的な父母です。しかし、この横的な父母が堕落することによって、七五度になってしまったのです。ここで食い違ったので、心と体がこの角度のずれによる闘争を展開するようになったのです。ですから、「平和だ」と言うことができず、幸福であり得ないのです。（一九一―四三、一九八九・六・二四）

今、私たちが暮らしているこの世界には、様々な民族が住んでおり、様々な国が存在しています。しかし、その国と民族は、平和の状態で理想を描く立場にあるのではなく、混乱と嘆息と塗炭の苦しみの中でうめきながら自分たちの理想を描いているのです。これは、本来の人間が望む願いの国ではなく、願いの人類ではありません。この世界は、堕落によってもたらされた結果なのです。（一七二―九、一九八八・一・三）

二　平和の園はどのようにして訪れるのか

今日、世界が平和の世界を論じ、一つの世界を論じていますが、それらはすべて絵空事のようなものです。私自身が一つの世界をつくることができ、一つになることができているのかということが問題です。それゆえに、このような実情を知る神様がいらっしゃり、「志のある人、偉人がいれば、一つにさせる作業をしよう」と考えざるを得ないという結論が出てくるのです。（二〇二―二三六、一九七八・一二・一〇）

皆さんはよく、「互いに愛しなさい」ということを言います。「互いに奉仕しなさい」ということを言うでしょう？　互いに犠牲になりなさい、そうすればうまくいくというのです。互いに愛しなさいということは、「与えなさい」ということです。私から相手に及ぼすようにしなさいということです。「互いに愛を受けよう」ということではありません。「愛してくれ」ではありません。お互いに奉仕するようになれば、その環境には平和の基地が生まれます。お互いに犠牲になれば、そこには蘇生《そせい》の炎が燃え上がります。お互いに愛するようになれば、そこに花が咲き、香りが広がるのです。（一一二―一九九、一九八一・四・二五）

マイナスの磁石が必ずプラスの方を向くように、良心の力によって神様を知ることができるのです。良心の力に従って神様に近づけば近づくほど何を悟るのかというと、心の平和、心の幸福、心の充足を感じるのであり、平和の母体となった神様の愛によって、自らの五臓六腑全体が自然に刺激を受け、衝動的な感銘を感じることができる人となるはずだったのです。（八三―三八、一九七六・二・五）

私が過去をこのように生きてきたので、余生だけでも輝き、自信をもって締めくくろうと思い、気力が足りなければひざまずき、骨が固くなって死ぬようなことがあったとしても、自分の生涯で責任を全うすることができなかった忠誠をこの期間内に成し遂げようと、夜を明かしながら祈祷しなければなりません。国土を守り、人類が行くべき幸福の基盤を凝視しながら消えてなくなることなく、「私は死んでも、世界を生かしてください」と祈祷すれば、そのおばあさんの墓は、よもぎの茂る荒れ地となることはありません。どれほど見苦しくしわが寄ったとしても、それは、私たちの平和の条件を象徴するしわとして現れるはずであり、歩く姿は憔悴《しょうすい》していても、その道は希望の灯台として輝く座標となるということを知るとき、生涯を比較して、自分だけのために悪の友となり、悪の足場を広げていくこの恨めしい恨《ハン》の正体を滅ぼし、私の生涯にもう一歩だけ善の基盤をプラスさせてから逝かなければならないという切迫した運命の道が臨んでいることを知って、休むことなく急いで行かなければなりません。それゆえに、先生も、今まで生きてきた生涯において、そのような趣旨による六回の十字架を背負ったのであり、あるいは海外を行き来しながら、異色民族の前に「異端者だ」と指弾される時もあり、反対される時もあったのですが、私が行く精誠の道理が異色民族を通して天の前に、伝統的な主流思想の前に、ひざまずいて天を追慕するにおいて、共に歩調を合わせることができる道であるならば、私はどこであろうと駆けていこうという考えをもって生涯を生きてきました。（六五―九三、一九七二・一一・一三）

私たちが天の精兵となって勝利さえすれば、神様が永遠に喜ぶことができると同時に、イエス様と聖霊も永遠に喜ぶことができ、私たちまで喜ぶことができる平和の時代がこの地上に訪れてくるということを、皆さんは肝に銘じなければなりません。（二―一七九、一九五七・四・一四）

個人の闘争は家庭の闘争、家庭の闘争は氏族の闘争、氏族の闘争は社会の闘争、社会の闘争は国家の闘争、国家の闘争は世界の闘争を経て、霊界があるとすれば、その霊界とこの地上との闘争まで経るようになるのです。また、神様がいらっしゃるとすれば、その神様と地上のこの無数の悪霊との闘争が終わってこそ、この宇宙に平和時代が訪れるのです。このような原則的な過程を通して摂理してこられた神様の事情を、皆さんは悟らなければなりません。神様がサタンとこの地上の悪の群れと闘い、すべての問題を解決してしまうことによって、初めて宇宙的な平和の時代が訪れるのです。（四―三四四、一九五八・一〇・一九）

神様の悲しみの事情を一掃したという一時、すなわち神様の心の中に焼きついている悲しみを解消させ得る一時が訪れてこない限り、人類の平和も成し遂げることができず、天的な一つの理念もこの地上で結実の一時を迎えることができない、ということを皆さんは知らなければなりません。（六―二〇六、一九五九・五・一七）

もし真なる人間がいて、人間社会のあらゆる恨の要素を取り除き、天の恨を解怨《かいおん》してさしあげ、地上に平和の国を建設することができる主義と思想をもって現れたとするならば、その人は、自分個人の恨めしい逆境から人類の恨めしい様々な峠とその哀切な心情まで、すべてを経ていかなければならないでしょう。そのようにすることができなければ、人間社会において、嘆かわしい歴史を追放し、恨の侵犯を受けない平和の世界、幸福の世界、自由の園を建設することはできな

いのです。(六一―一三九、一九五九・五・二四)

皆さんが宇宙的な天国の理念を身代わりすることができる存在となり、神様の愛と生命と真理の運動を展開するならば、平和の世界がこの地に建設されるでしょう。したがって、自分の父母だけが父母ではなく、自分の兄弟だけが兄弟ではなく、自分の息子、娘だけが息子、娘ではないというのです。皆さんが、すべての人を自らの父母、兄弟、子女と思うことができる人格を備えた人になれば、死亡世界で苦しんでいる多くの民を見つめるとき、涙なくしては対することができないはずであり、兄弟や幼い人々を見つめるようになるときにも、「彼らを救おう」という責任感をもって、涙を流しながら努力するようになるはずです。本当にそのような皆さんとなるならば、そのような皆さんを中心として、この地に天国が建設されるはずです。(二一―一四三、一九五七・三・一七)

皆さんは、「神様、サタンを一度許してあげましょう」という祈祷をしてみたことがありますか。そのような祈祷をすれば、神様の気分を一度にキャッチすることができるのです。牧師たち、そのようにしてみましたか。このような愛が分からなければ、天地は二軒暮らし(注:めかけをもって暮らすこと)をするのです。一つの家庭の愛に二股《ふたまた》の道が生じるようになれば、その家に

文鮮明先生は、米国議会の二回目の招請により「アメリカを中心とする神の計画」というテーマで講演された（1975.12.18）

は破綻《はたん》が訪れるのと同じように、宇宙自体が破綻するでしょう。平和の本宮が生じないというのです。このようになるのです。愛は絶対的です。二人の愛の主人を介在させてつくったものではないというのです。（四八—一三五、一九七一・九・一九）

神様は、サタンに先に打たれ、「ため」に生き、愛してあげたのちに、奪ってくる作戦を行われます。サタン世界から強制的に奪ってくるのではなく、先に愛して打たれ、犠牲となり、殺されながら奪ってくるのです。このような作戦を行わなくては世界平和の起源を残すことができない、ということを皆さんは知らなければなりません。（三八—二二九、一九七一・一・三）

皆さんは、家庭を率いて国と世界のために行かなければなりません。大韓民国において、個人的な時代、家庭的な時代、氏族的な時代、民族的な時代、国家的な時代を経てきて、その経験を土台として、世界の民族と国家の前に方向を提示することができる案内役を引き受けなければなりません。案内役を果たし、互いが離れることのできない立場で神様に侍ることができてこそ、霊界と肉界は統一された平和の世界となり得るのです。そのようになって初めてその案内者は、歴史時代の永遠の指導者としての位置を固めるようになり、天の世界の名誉ある表彰を受けるようになるのです。このようになることは間違いない事実だ、ということを皆さんははっきりと知らなければなりません。(三〇―一一六、一九七〇・三・一七)

自由の天国である新しい平和の王国を創建するための闘争過程で、誰よりも多くの血を流して闘ったとすれば、その人は滅びることがありません。その人が流した血は、死亡の血ではなく、生命の源泉だからです。そのようにして創建した所が、私たちが行かなければならず、とどまらなければならず、残しておかなければならない基盤です。これが痛切な現実です。

皆さんが天の前に、「天よ！　あなたが創造理想を中心として誇りたいと思われたすべての願いが私に結実しました。人間を立てて、永遠にすべての世界に誇ろうとされたあなたの内的心情と一致を果たしました」と祈祷するとき、神様が「そうか！」とおっしゃることができる位置で、神様が喜ばれる自由と平和の天国に行進するその日を慕わしく思わなければなりません。(二〇―二

九一、一九六八・七・七）

大韓民国の主人は誰ですか。大韓民国を誰よりも愛し、大切にする人です。したがって、統一教会の人々が大韓民国を誰よりも大切にして愛するようになれば、主人になろうとしなくても、この民族の主人になるのです。そのようにしてこそ平和の時代が訪れるのです。（三六―二六四、一九七〇・一二・六）

私たちは、神様の恨《ハン》を解くことによって、神様を解放してさしあげなければなりません。そして、自由な神様として万国を統治するにおいて少しでも妨げとなる障害物があれば、自分が責任をもってすべて除去し、自由の権限をもって万国を自由と平和の天国として主管することができる堂々とした絶対者としてお迎えしようという信念をもった若者がいるとすれば、彼は真に偉大な若者です。このような若者たちによって、今後の世界は新しい方向へ進んでいくようになるでしょう。皆さんが実際にこのような若者となったならば、いくらみすぼらしい格好をしていても、それは見苦しい姿ではありません。そこには無限の希望が宿っているのであり、その姿は神様の希望と幸福の基盤になるのです。（四七―七九、一九七一・八・一九）

私たち自身においても同様です。刈り取られることができる立場、刈り取られた穀物の立場にいる私たちが、仲間同士で受けて感じるすべてのものを幸福の要因として消化させ得る人々にならなくてはならないというのです。そのような基盤を広げて国民化させ、世界化させる時まで、その主体的な精神が一元化された形態を外れることさえなければ、そのような基盤を通して世界に平和の天国が連結されるのではないでしょうか。そうすれば、あなたと私の三角圏内で、第三者の東西南北を中心として四人がぱっと広がって立つようになれば、ここには異議がないのです。結束の動機は、そこでつくられるのです。(四九―六一、一九七一・一〇・三)

天国は、どこからつくられるのでしょうか。復帰天国は、どこからつくられなければならないのでしょうか。監獄からつくられなければなりません。監獄に入っていって主管性を復帰した基準、本性的基準の自律的な平和の心情をもって鼻歌を歌ってみましたか。これが問題となるのです。昔、神様は、使徒たちがそのような立場にいる時、それを天国化させるために獄門を開き、自由に行動することができる権利まで賦与したのではないですか。皆さんには、神様が、昔の彼らよりも希望と期待をもつことができる資格ができていますか。(四九―七二、一九七一・一〇・三)

終末には、歴史の方向を逆にしなければ生きる道がありません。歴史の方向を変えさせるためには、どのようなことをしてでも歴史的方向性を提示しなければなりません。これが統一の歴史的方向性です。第三者を犠牲にさせてきた歴史の終末が来たので、今までと同じようにしては、絶対に世界に平和が訪れることはありません。（四九―一九六、一九七一・一〇・一〇）

私たちは、十字路をどのように越えるのでしょうか。自分の妻をつかめば、自分だけを考えるのではなく国を考えなければならず、国をつかめば、世界を考えなければならず、世界をつかめば、天地を考えなければなりません。これを段階的に、正常かつ順調に経ていくようになれば、すべての怨讐《おんしゅう》が待つ十字路は消えうせ、平坦《へいたん》な大路に入っていって解放の自由化が形成されるようになり、天地に平和の王国、神様が願われる理想世界が実現されるでしょう。（五九―一〇七、一九七二・七・九）

自分が犠牲となり、自分の家庭が犠牲となり、自分の国が犠牲となったとしても、世界国家が良くなり得る新しい価値観をもって出発できる、そのような思想的な体制があるとすれば、その思想的な体制を通して、間違いなく新しい歴史の開門がなされるはずです。一方が上がっていけば片方は下りていき、一方が下りていけば片方は上がっていく道理のように、この世の中は罪悪の世界なので、罪悪の世の中においてそれが結末をつけるのではなく、罪悪を解脱することができる一つの方向性を備えて勝利的天国を形成し得る時が来るはずです。皆さんは、これを知らなければなりません。(五九―二〇二、一九七二・七・一六)

包囲の城壁を打開する秘策として神様が考え出したものが、反対する群れに与えることです。今まで平等圏がなかったので、その平等圏をつくる作戦とは何かというと、他のために犠牲となり、福を祈ってあげ、打たれていきながらその打った者たちを屈服させ、同じ福を与えることによって、ここには完全平等圏の役事が起きるのです。怨讐《おんしゅう》の対決圏を解消させる舞台をこのように築いてきたので、ここで初めて平等の建国理念が成立するのです。世界統一、世界平和の理想型がここから始まっていくのです。(五六―三三二、一九七二・五・一八)

天国に行く道を短縮しようとするので、ここにメシヤや、ある特定の民族、特定の個人にこの道の責任を負わせて犠牲にしてきたのです。それゆえに、多くの聖人たちが来て、死をもって埋めていきました。多くの国々が興ったり滅びたりするのは、この谷間を埋めるためです。今まで、歴史はそのことをなしてきたのです。それで、歴史は興亡の歴史だというのです。そのようにして高めたり低めたりして、このことをなしてきたのです。そのようにして、今のような平等をつくりました。平等とは平和だということです。そのようにして平等になったのです。(七二―二五三、

（一九七四・六・三〇）

本来、神様の愛を中心として、完成したアダムと完成したエバが一つになれば、神様が中心の位置に立つことできるようになるのです。これが統一教会で主張する四位基台です。この四位基台を完成すべき基盤を失ってしまったので、いかなる歴史時代を経てでもこれを設定しない限り、いくら人類の平和やユートピアや理想世界を描いてみたところで、何の役にも立たないというのです。原則を否定しては、原則を離れては、原則に反しては、理想郷はあり得ません。（一三八―二四九、一九八六・一・二四）

二千年の間において、ローマ帝国の迫害時代、形容することができない迫害の渦中でも発展したのがキリスト教です。ローマをのみ込んで残ったキリスト教が、今日、自由主義のこのアメリカの天地で、なぜ数十年の間であのように滅びてしまったのでしょうか。それがなぞです。ユダヤ教は神様を信じ、すべてを愛するというのですが、なぜヒトラーが六百万人を虐殺したのかというのです。これは、理解することができないなぞです。それは、宗教が行かなければならない本然の道を行くことができなかったからです。終わりの日に、民族を中心として、神様の本然なる愛の前に接触点が合わなくなるときは、サタンの祭物として完全に砕け散っていくのです。

それでは、何を中心としてこの世界を収拾するのでしょうか。今日、歴史家たちも主張し、現在の知性人たちも主張していることですが、世界を指導し得る人が必要だというのです。それでは、何を指導するのでしょうか。経済力を中心として指導できる能力のある人は、いくらでもいます。政治的な立場を中心として指導できる能力のある人は、いくらでもいます。お金がなくてそれができないのではなく、政治体制がなくてそれができないのでもありません。神様と神様の理想に通じ得る愛の秩序がないというのです。本然の愛の秩序が世界的基盤の上で成長し得る真理を模索することができるならば、そこで初めて平和の起源が、初めて私たち人間の本心が安息し得る出発がなされるのです。(一二五―一二六、一九八三・三・二七)

真《まこと》というものは、始まりと終わりが同じでなければなりません。今日、仏教やキリスト教や何だかんだといったものは、すべて必要ありません。天地に心情が通じる人であれば、それで終わりです。平和も、心情から来るものです。喜びの心で現れるとき、大宇宙は私の友となるのであり、そのような心情に浸って天下に対して現れるようになるときは、天下は私の心の中で踊りだすのです。(一五四―五二、一九六四・三・二三)

今後、人間世界に理想世界がどのように訪れるのでしょうか。生殖器官を正しく扱うことができる道理を明らかにしない限り、世の中は滅びます。平和の世界を探し出すことはできません。ローマを見てください。アメリカを見てください。アメリカは、お金がなくて滅びるのではありません。今まで、生殖器官の主人が誰だったのかを知らなかったのであり、どのように創造されて蹂躙《じゅうりん》されたのかを知らなかったのです。サタンゆえに知りませんでした。それを明らかにするために、天地のすべての邪悪でよこしまなサタンの修羅場をすべて清掃するために、私が旗を掲げて出てきたのです。（一九三―一四七、一九八九・一〇・三）

寒帯地方から温帯地方に風が吹きつけることによって、温帯圏内のあらゆる木の葉はすべて落ち、枝だけになるのです。それで、冬になって、実まですべて落ちるようになります。しかし、その中で種、生命をもった種は、いくら北風や冷たい雪が殴りつけようと、それに制圧されることはありません。それがいくら強かろうと、それを貫いていき、新しい人類の平和の春の園を見つけるのです。解放と希望の春の園が訪れてくるので、人類の新しい時代を迎えるその時代において、真なる生命の種をこの天地に蒔《ま》くようになるときには、二度と冬を迎えることのない解放の温帯圏へ進出するようになることは、統一教会の思想と完全に一致するのです。（一八二―九〇、一九八八・一〇・一四）

日本の狭山公園で開かれた全国信徒大会で熱く語られる文鮮明先生（1972.4.26）

自分自身を是正するためには、難しい道を歩まなければなりません。大韓民国を統一することは何でもありません。南北統一をすることは簡単でしょうか。自分一身を統一することは簡単でしょうか。南北統一はいくらでもすることができます。しかし、私自身の統一はすることができません。世界平和は成すことができますが、私自身は平和を成すことができません。

今後、世界が過去・現在・未来を通じて、行く方向が一致すれば、統一することができる可能性は、いつ、どこであろうと探し出すことができます。過去と現在を照らし合わせてみるとき、結果は必ず一つの目的に向かっていくのです。一つの目的です。一つの目的は統一であり、平和です。一つの平和だというのです。二つではありません。それは簡単なことです。しかし、私自体がいつ統一をするのでしょうか。私を統一することができなくて、統一された世界を管理することができますか。それは、理論的にできないのです。それゆえに、根本問題に入っていって、統一という問題は深刻なことです。宇宙史的な問題です。（二七三―二二八、一九九五・一〇・二九）

国が滅びることは、大したことではありません。アダムの世界には国がありませんでした。自分の家庭さえ収拾すればいいというのです。ですから、氏族メシヤを中心として家庭収拾を先生は命令したのです。家庭さえまっすぐに立てばいいのです。結局は、良心と肉身の一体と家庭です。夫婦、男女が一つになることは、世界的問題です。これが一つになれば、世界はすべて平和の地に入っていきます。世界問題は難しくありません。心身一体、夫婦一体となれば成すことができます。

この世の中は、悪の世界なので闘うのです。それは、心身が闘っているからです。男女は、二人が争うようになっています。公式になっています。それでは、世界平和の基地はいったいどこでしょうか。日本でもなく、世界でもありません。天国でもありません。私自身です。心身が紛争するその拠点を平和にしなければ、世界平和は永遠にありません。（二五七―一二二、一九九四・三・一三）

どのようにすれば、平和の世界が訪れるのでしょうか。第一の条件とは何でしょうか。一つになる起源を探さなければなりません。それを探し出すことができなければ、統一の世界とは永久にお別れです。それでは、家庭が一つになる前に私自身が一つになったのかと尋ねれば、一つになった私を発見することができないというのです。心と体が闘っているでしょう？　男女が争うとき、幸福になることはできません。平和であり得ません。希望があり得ないというのです。終わりの日になればなるほど、心の分野、体の分野に分かれて、夫婦は四つの輩《やから》となるのです。心と体が二つずつなので、四つの輩となるのです。このようにしてお互いが争うのです。

女性の心を中心として一つになろうとしても、体と闘うので、行けば逃げてこなければならないのであり、体を中心として一つになろうとしても、心と体が闘っているので、また出てこなければなりません。どこにも根拠地をおくことができません。この地で平和の基点を探すことができないのです。それでは、二人が集まって、お金を中心として平和という概念を探し出すことができますか。お金を見れば、互いに自分のものにしようとしますか、しませんか。お父さんのタバコ銭は、自分の継ぎはぎをした服のポケットに雑巾で包んである十銭玉よりも大切に思えないので、もらってもいいように思うのです。ですから、お父さんのポケットにあるお金を自分のポケットに入れたいと思うでしょう？　お父さんはどうですか。子供のポケットにあるものも、私のポケットに入れたいと思うのです。ですから、統一ができません。永遠にできません。

しかし、統一教会はそれが違います。統一教会は、神様から内的統一の動機を解いて論理的形態をもっているので、思想界や宗教界がついていくことができない体系として、終わりの日において、混乱した世界の平和の基地、個人的基地、夫婦的基地、家庭的基地、氏族的基地、民族的基地、国家的基地、世界的基地、天宙的基地となり得るのです。天地が分かれたので、天地の統一的平和世界へ神人合徳して、幸福で、希望があり、平和の世界を講究しようというのが統一教会の理想です。この理念に反対して存続できる人はいません。それゆえに、すべて歓迎するようになっているのです。（二三〇—三二五、一九九二・五・一〇）

今後、世界はどのようになるのでしょうか。老若男女を問わず、今、世界に住んでいる万民は、すべて一つの世界を願っています。その一つの世界は、戦争をする一つの世界ではなく、平和で、自由な立場での一つの世界です。そこには、民族分裂や人種紛争、あるいは文化的格差から来る習慣的違いによる垣根のようなものはありません。それで、世界万民は、みな一つの文化圏と対応して、自由で平和な一つの国を願っているのです。

これをどのようにして一つにするのかというのです。平和の世界は、一つの世界です。行く道は、二つではありません。平和の目的世界に行くにおいて、二つの道があるのではありません。一つの道です。老若男女がすべて願う希望の世界、平和の世界は、一つの世界です。しかし、民族を見ても、その中には様々な団体があり、その団体ごとに主義主張が異なります。大韓民国の政治風土について見ても、与党、野党、ありとあらゆる党がすべて出てきて、みな自分たちが前に出ようとしています。ですから、どれほど方向が多いですか。ここから問題が生じるのです。

歴史始まって以来、昔から今に至るまで、世界的な舞台で、このように平和の世界を追求し活動してきた数多くの人々がいました。しかし、終わりに来ては、あすに希望をもってより次元の高い一つの世界を目指していく立場でコーチし得る人が、次第に少なくなっていくというのです。

（二二七―二二五、一九九二・二・一四）

今日、人類歴史が戦争の歴史としてつづられてきたのは、悪魔の主管権内にあるがゆえです。どのようなことをしてでも、これを清算してしまわなければなりません。この世界をどのようにして変更するのでしょうか。どのようにしてこの世界を平和の世界にするのでしょうか。数多くの教団、数多くの主義、数多くの個人の中で、「自分が一番だ」と言っていた者たちが、今はすべて崩れていきました。共産主義も崩壊し、民主主義も崩れ、数多くの宗教もすべて崩れていきました。キリスト教やユダヤ教のようなすべてのものは、今はもう水平線に沈んでいきました。

（二二五―一五、一九九二・一・二）

あらゆる学問、社会の構成や体制、あるいは慣習を超越して決定しなければならない始まりは、どこからかということです。これが問題です。始まりは神様にならなければならないというのです。その神様御自身が、始まりから過程を経て人間を造られたとすれば、創造主です。私たち統一教会では「創造理想」と言いますが、理想の実現、その目的地まで行くことができる道を再発見しなければ、平和の世界は成すことができないのです。

なぜでしょうか。平和の世界は、一つの世界だからです。人間が行く方向、神様が行く方向と、このように二つの方向があるというときは、一つの平和の世界は現れないので、不可避的に、結論は一つの方向とならざるを得ません。それゆえに、人間を第一とした世界を打破し、神様第一主義の世界を決定しなくては、一つの平和の世界へ行ける道を発見することはできないというのです。

学生たちが一流大学、三流大学という等差をもって人間の価値を評価しますが、いったい、知識というものを中心として神様と人間との関係を結び、永遠なる平和の世界へ行くことができるのでしょうか。知識が平和の道へ行くための橋となり得るのでしょうか。知識の方向は千態万状です。それで、人文系統も、そこから分科的に非常に多くの系列に分裂しているのですが、どのようなものに従っていかなければならないのか、ということが問題なのです。(二三三―一三六、一九九一・一一・一〇)

心と体の世界において、平和の基準をどこに立てるのかという問題が、人生において最も貴い問題です。心と体が闘っています。「あ、私の心と体は闘争していない！」という人は、手を挙げてみてください。ハーモニーが成され、統一が成され、平等が成されているというのですか。

それゆえに、このような問題について考えてみるとき、平和の基準はどこにあるのでしょうか。世界でもなく、国でもなく、宗教でもなく、ほかのいかなるものでもありません。自分自身において心と体に絶対統一を成した平和の基準を確立するのが宗教指導者であり、そのようになるためのものがすべての教育、すべての修練、すべての人道主義的な目的だというのです。それゆえに、皆さんがいくら宗教を信仰し、偉大な宗教指導者になったとしても、また、この一つの世界を統治する偉大な聖人になったとしても、心と体の統一圏は、永遠の神様と同じ立場の統一を成すことができないのです。

皆さんは「原理」のみ言《ことば》をたくさん聞きましたが、問題はどこにあるのかというと、個人基準の平和の起源を確立し、定着させて、平和の起源を私から設定しなくては、理想的な宗教も天国も何も、すべて夢だというのです。それは、私と関係がないのです。

平和の基準はどこですか。イスラムですか。キリスト教ですか。イスラエルですか。宗教にはありません。人ですか。宗教に先立つものが理想的人間である、ということを知らなければなりません。それがすべて壊れたので、理想的人間を探していき、アイディアル・マン、アイディアル・ウーマン、アイディアル・ファミリー、アイディアル・ネーションを探し求めていくのでは

ないですか。（二一七―一七九、一九九一・五・二七）

表裏が一体となるということは、前面が明るくなれば裏面は暗くなるということです。地球もそうでしょう？　夜と昼は常に相反する立場に立っているでしょう？　地球が回ることによって、平均と共通、平和を成すのです。東西が一つになるという問題を考えてみるとき、それは、夜も一つ、昼も一つだったのが、夜と昼が一つになるということではありません。それをどのようにして連結させるのでしょうか。その表裏一体というのは、実体と影のようなものです。それで、外側の価値、外に行って犠牲になろうと考えるようになるとき、宇宙のすべてが歴史を通じて願ってきた存在となるのであり、そのような人こそ素晴らしい人だというのです。（二一三―一二七、一九九一・一・二一）

三　平和の本拠地としての心

神様がいるとすれば、今日、このような人生の道を解決するために、私たち人間を動機の位置や目的の位置に導いていくようにしなければなりません。それで、今まで神様は、宗教を通して摂理してこられたのですが、宗教を通して心を中心とした生活を強調してこられたのです。心を中心とした生活を強調すると同時に、「この世の中と共に生活しなさい」とは教えられませんでした。終わりの日以後の世界、この世の中を超えた終わりの世界の生活因縁を強調してこられたのです。

キリスト教を見ても、この現実世界を中心として生きなさいと教えてあげる道理は、一つもありません。この世の中で、よく食べて、よく暮らしなさいと教えてあげた、そのようなものはないのです。必ず心の世界における平和を叫んできたのです。「天国がどこにあるのでしょうか。この世界にあるのではなく、あなたの心の中にあります。心の世界に天国があり、また天国は終わりの日に成されるものです」。このように教えてきているのです。その終わりの日の天国というものは、この世の中とは関係ない立場で成される天国のことをいうのです。それゆえに、それは、歴史過程を経ていく人間たちが必要とし、重要視する、歴史過程の内容を教える道理ではないのです。本来、宗教というものはそうでなければなりません。もし過程の道理を教え、それを標準とし、目的とする宗教があるとすれば、その宗教は、純粋な宗教的見地から見るとき、邪教なのです。(四九—二四、一九七一・一〇・三)

天と和合し、天を褒めたたえることができ、全世界が平等で共に幸福に暮らすことを望む欲求の起源はどこにあるのかというときに、それは皆さんの体にあるのではなく、心にあるのです。善に根をおいた心が願うことは、人類がお互いに怨讐《おんしゅう》視し、お互いに争いながら血を流し、お互いに殺し殺される、このようなことではなく、自由と平和と幸福が宿る中で、お互いに友愛することができる因縁をもって生きることです。これは、すべての人の願いです。ところで、その希望は体から出てくるのでしょうか。違います。体は、おなかがすけば、自分のお兄さんやお姉さんの手にあるひと塊しかないもちも、奪って食べたいと思うのです。体から出てくる欲望とは、そのようなものです。そのようなことを見れば、これはあくまでも心の願いです。(四一—六八、一九七一・二・一三)

私たち人間の心の動きは、不完全な起源を越えて完全な起源を追求しています。これが歴史の環境を越え、時代の荒波を越えて、今まで私たち人間の心の中で躍動しているのです。そのような力の刺激と力の源泉が残っているという事実を見るとき、その力の主体となり得る本然の根拠地、あるいは本体、あるいは原因的なその存在は、絶対的な存在に違いないというのです。人間たちは、そのような心の方向を通して、常に新しいもの、常に理想的なもの、常に平和で幸福なものを追求するようになるのです。（二七―二一八、一九六九・一二・一四）

全知全能であられる神様は、いかなる作戦をもってこの世界を平和にされるのでしょうか。神様御自身は、平和の根拠地をどこに求められるのでしょうか。アメリカでもなく、ソ連でもなく、ほかのどの国でもありません。そこは、ほかならぬ人間の本心です。その話は、世の中のあらゆるものをすべてほうり投げ、本心の基準に帰っていきなさいということです。自らの中に入っていきなさいということです。それでイエス様は、「神の国は、実にあなたがたのただ中にあるのだ」（ルカ一七・二一）と言われたのです。それゆえに、私たちの心の中にある善を解放しなければ、理想世界や幸福の世界といったものは不可能です。（二三―一二五、一九六九・五・一八）

私たち人間の心と体の間隔が広がれば広がるほど、苦衷が大きくなるのです。そこには苦痛が介在するのです。そこには悲劇が宿るのです。したがって、私たちの心と体の間隔を狭め、それが一つに統一される時を迎えなければなりません。そのようにしなければ、人間世界に平和や幸福といったものはあり得ません。

それゆえに、自分自身の闘い、自分一個の個体の闘いを終息させることができない人は、世界的な闘いが終息し、そのような世界に入っていって暮らしたとしても、希望や幸福、あるいは平和の条件を自らのものとすることはできないのです。したがって問題は、私自身にあります。私自身の根本問題を解決しなければなりません。そのようにして私自身の外的な世界の理想的環境を迎えるようになる時に、初めて心に染みる平和、心に染みる幸福を感じることができるのです。そのような基盤の上で世界と連結されて初めて自由で幸福な天国が成されるのであ

米国・ニューヨークのマディソン・スクェア・ガーデンで開かれた大会は超満員となった（1974.9.18）

って、環境がいくら整えられたとしても、自らの問題が解決されていない立場にいれば、いかなる幸福な環境にも和することができない、ということを否認することはできません。（二〇一一六七、一九六八・六・九）

今日、この地上の数多くの人間は、心が何であるのかを知らずに生きています。言い換えれば、心自体が神様の愛を中心として安息するための、私の人格形成の基盤だということを知らずに生きているのです。心は偉大なものです。心は無限に広大であり、とてつもないものです。この心の中には、神様も迎え入れることができる余裕があります。どのような人でも正しい心をもつようになれば、万民を一時に平和の王宮へ移してあげたいと思うのです。（三七一一六、一九七〇・一二・二三）

根本的な問題は、私たち個体の統一です。心と体が統一を成し、その根本となる心が、「この世の中の何ものとも替えることができない幸福の条件をもった」と主張することができ、今この世界に存在するいかなるものにぶつかっても譲歩せず、壊れることがない中心を備えた人間として出発しなければ、世界平和の起源をもたらすことはできません。（二〇一一六八、一九六八・六・九）

神様と苦楽を共にすることができる基点で私の心に平和の基盤を備え、私の心に自由と幸福の拠点を備えることができる基準をもち、その基準を中心として体を完全に制圧し、この世界を統一することができる実力を備えていく運動が、この地上に起こらなければならないのです。このような運動を別の言い方をすれば、イエス様がもたらした新しい世界主義理念です。忘れてしまわないようお願いします。（二〇—一七三、一九六八・六・九）

世界平和を願う人は、手を挙げてみてください。その平和の基準はどこから存在するのでしょうか、探してみてください。東ドイツと西ドイツにあるのでしょう！　ソ連とアメリカにあるのでしょう！　どこにありますか。（人間の心と体にあります）。皆さん自身には、それを統一することができる能力はありません。神様がいらっしゃるとすれば、神様お一人にしかないのです。これは論理にかなった結論です。口実ではありません。確定的結論です。（一九六—二九、一九八九・一二・二四）

すべての人々が夢見ていくその平和の世界は、別の所にあるのではありません。それでイエス様が強調したことは、「あなたの心に天国があるのだ」ということです。自分自身の心に天国をもつことができない人は、いくら相対の世界に天国があったとしても、自分の心に幸福をもってきてみたところで感動を受けることはできません。そこに関係を結ぶことができないのです。(一〇六―五九、一九九〇・一〇・三)

皆さんの心は、神様の歩哨所《ほしょう》であり、皆さんの体はサタンの一線です。民主と共産が対決する板門店《パンムンヂョム》があるように、皆さんの心の世界にも、境界線である板門店があることを知らなければなりません。人の心の世界にある板門店が世界的板門店となって現れたものが、三十八度線上にある板門店です。それは世界に一つしかありません。それゆえに韓国は、そのような立場で意味が大きいというのです。(一五六―一二一、一九六六・五・二五)

皆さんの心に平和がありますか。「既に私には永遠の平和がある」という永遠のセンターが世の中に現れたと考えてみてください。それは、あらゆるもののセンターとなるのです。何ものも、誰も、そのセンターを変えることはできません。そのような基盤さえ築けば、誰であろうと、たとえ神様でも、それをどうすることもできません。いくら邪悪な世の中だとしても、これを占領することはできません。このような基盤を築いてこそ、神様も見下ろして皆さんを信じるのです。

皆さんはどうですか。皆さんの心に平和がありますか。根がないのです！　いつでもふらつくものは根ではありません。一箇所にとどまることができません。私が根を下ろせば、誰もその根を抜き取ることはできません。神様も抜き取ることはできません。私自身も同じです。父母、歴史、アメリカ、人類、知識、権力だけでなく、愛もこれを抜き取ることができません。そのような基盤の上に立って「私に従いなさい」と言ってこそ、そこから再創造が可能なのです。ほかの方法はありません。

皆さんの心に平和の基地がありますか。どうですか。これは皆さんの責任です。誰も皆さんのその基盤を奪っていくことはできないのです。皆さん自身がそのような基盤を築かなければなりません。ほかの人々が助けてあげることはできません。皆さんが自ら進んで王宮の王座をつくらなければなりません。そのようにしてこそ四方のすべてのものがそれを認定してあげるのであり、「あなたがセンターに座ってください」と言われたのちにそこに座ってこそ、それが自然なのです。強制的にしてはいけないのです。

平和の基地、皆さんの心の中にそのような基盤を築かなければなりません。それが最も重要な問題です。いくら天国を思っても、そのような基盤がなければ神様の本然の理想に連結されることはありません。これは歴史的な結論です。歴史がいくら流れても、きょうのこのような結論は変わることがありません。（二〇五─一四五、一九九〇・八・一二）

四　心と体の闘争、そして平和

私たちの平和の起源、あるいは幸福の基盤はどこにあるのでしょうか。皆さんが探し求めていく未来にあると思ったとすれば、それは誤った認識です。訪れることはありません。なぜでしょうか。心と体が互いに闘っている私自身が一つの家庭を築けば、その時は、四つの目的をもった四つの輩《やから》が互いに闘うようになるのです。そして、四人の家族になれば八つになり、百人の家族になれば二百になります。一億になれば二億になるのです。また三十五億になれば七十億の目的をもつようになります。ですから、人類世界で、それをもって国家を形成し、世界を形成したならば、その世界は、絶対に理想世界にはなり得ません。（五六―一五六、一九七二・五・一四）

平和の解決基地は、どこにあるのでしょうか。それはアメリカでもなく、ソ連でもありません。それを知らなければなりません。問題はどこにあるのでしょうか。心と体が闘っているこの人間の胸の中に、いかにして平和の宇宙観をもち、幸福な平和な世界観をもつのかが、この上なく重

大な問題です。（八五―三〇二、一九七六・三・四）

皆さんの心と体は闘っていますか、闘っていませんか。（闘っています）。それは、平和ですか、闘争ですか。（闘争です）。それは、いつ解決されますか。その戦争は、いつ終わりますか。それを考えてみましたか。この世界の戦争は、いつ終わりますか。そのような考えは、する必要もないというのです。私の体の中の戦争をいつ、どのように完全に終結させますか。それを終結させる時、世界の戦争が終わるのです。私の体の平和が、世界の平和が成されることに連結されるのです。（八二―一三五、一九七六・一・四）

いかなる戦争が激戦ですか。第一次世界大戦も激戦だったのであり、第二次世界大戦も激戦でしたが、それらはすべて過程的な戦争です。一番の激戦とは、どのような闘いですか。私を中心として行うサタンとの闘い、これが最高の激戦だということを知らなければなりません。これを平和的に解決するまでは、世界の平和はあり得ません。私において平和を歌い、私において完全な解放を歌い、私において完全な勝利の歌を歌わなければなりません。「天下は私の名と共に、私と共になければならない」と言い得る、このような勝利の王者圏を備えなくては、地上に平和の世界は来ることができないのです。

平和は、どこから来るのでしょうか。神様を中心とした真なる宗教から来るのです。これは最も理論的な結論です。どこからですか。大韓民国からですか。あなたの家からですか。あなたのお父さんやお母さんからですか。違います。私からです。天国は私の心にあるというので、私自体の天国として顕現させなければならないのです。（七六―一〇八、一九七五・二・二）

体はサタンの一線であり、心は神様の一線です。ここから闘いが起きるのです。したがって、私の体で平和の旗手を発見しなくては、世界の平和は探し出すことができません。（四八―八六、一九七一・九・五）

人間は、みな自分自身の中に二つの争う輩《やから》をもっています。金《キム》なにがしといえば、金なにがしの内と外が互いに争っているのです。この争う輩は、一つのように見えますが、実は二つの輩が争っているのです。ですから、二人が争えば、いくつの輩になりますか。四つの輩になります。五人が争えば十の争う輩が、三十六億の人口全体が争えば、七十二億の争う輩が生じ、そのすべてが紛争圏を備えているので、どうして世界の平和統一が成されるでしょうか。それゆえに、平和の基点をおいて見るとき、このような問題を扱わざるを得ないのです。（二三―一〇二、一九六九・五・一四）

皆さんが自分の個体を見れば、心の人と体の人が異なります。お互いに争う二人の人が私の個体にいるというのです。一つの家庭の夫と妻を中心として見れば、これは四人が争っている立場です。十人の家族がいるとすれば、二十人が争っている立場で暮らしているのです。ですから、その家庭に平和と幸福があり得るでしょうか。（三八―二二五、一九七一・一・八）

聖書では、今日の人類を「孤児」だと言っています。国も、「主人のいない国」だと言っています。この国に主人がいますか。「我が国も百年、千年続くはずであり、我が民族は千年、万年生きるはずだ」と思うかもしれませんが、とんでもないことです。いつ、どのような強盗が来て支配するか分かりません。私たちの国も信じることができず、私たちの家庭もいつ侵害を受けるか分かりません。したがって、家庭も信じることができず、氏族、文化、生活様式さえも信じることができないのです。いつ、どのようになるか分からない恐怖の雰囲気の中で私たちは暮らしているのです。その上に、私たちの心と体がお互いに闘っています。したがって、平和の基地となることはできないのです。（二三―一六四、一九六九・五・一八）

不幸の源泉地は、ほかならぬ私自身です。皆さんの心に、いつ平和な時がありましたか。心と体は常に争いをしています。例を挙げれば、寝ていて目が覚め、きのうの晩に弟が枕の横に置いておいたぎょうざが頭に浮かび、起き上がって、「なくなっても、自分が食べたかどうか分かりはしない」と言いながらすっと手をつけます。そのような時に心が、「おい、正気でないな」と言って手をつけることができなくなったことを経験してみたはずです。心と体は、そのような関係です。皆さんは、これを知らなければなりません。

一つの家庭に二人がいるとすれば、争う輩《やから》が四つに分かれるようになり、五人の家族がいるとすれば、十になります。大韓民国の人口が三千万なので、六千万の争う輩がここに住んでいることになり、世界の人類は三十六億なので、七十二億の争う輩が世界に住んでいるのです。ですから、ここに平和があると思いますか。とんでもないことです。いつ、下心をもったどろぼうにひっくり返されるか分かりません。このような所に、平和と幸福と甘美な住みかがあると思いますか。（二三―一二四、一九六九・五・一八）

いくら神様が平和を待ち望んでいらっしゃるとしても、常にもめごとを起こすこの体という問題児をそのままにしておいては、統一することは絶対に不可能です。万民が願い望んでいる理想世界、統一世界を成すためには、必ず心と体を先に統一させなければならないのです。心と体が分立したままでは、統一することはできません。

人間の心と体も同様です。人間の心と体、この二つの中の一つは、ごろつきです。皆さん、ご

米国のニクソン元大統領と会談される文鮮明先生（1974.2.1）

ろつきを好みますか。ごろつきに対しては、誰もが気分を悪くします。争いをしない平和主義は、誰もが好みます。しかし、体の中にはごろつき的要素があります。これが存在するようになった原因は、堕落があったからです。私の個体についてみても、善と悪の二つの目的を指向する要素が私の体の中にあります。善を指向する心があるかと思えば、それに反して悪を指向する体があります。これを解決することができなければ、数万年歴史の中で怨讐《おんしゅう》の怪物であった体が常にその状態で残るようになるのです。

二つの目的の中で人間に必要なものは、一つの目的に完結することができる所に行くことです。それだけが、本来人間が存在する目的と一致するのであり、人間を造られた神様の創造目的に一致するのです。しかし、人間は堕落したので、二つの目的に引っ張られて生きているうちに、いつの間にか白髪になってしまうのです。平和をもつことができず、幸福が訪れることができない人生になるのであり、それゆえに、人生は苦海であるだけでなく、苦痛と悲哀、そして悲惨と嘆息であると感じるのです。このように続いてきたので、神様はこの地上の人間に対する処理方法を講究せざるを得ないのです。(一八一―三一八、一九六七・八・一三)

今、皆さんは闘っています。自分の人生を中心として大砲を撃っているのです。世の中に対する前に、皆さん自身の心と体が闘っているのです。これをいかにして平和にするのでしょうか。この闘いで体が勝つのでしょうか、心が勝つのでしょうか。皆さんは体が勝ちますか、心が勝ちますか。「私は間違いなく心が勝ちます」と言うことができる人にならなければなりません。心が勝つ人は善側であり、体が勝つ人は悪側です。(三六―六一、一九七〇・一一・一五)

今まで、私たち人間は、自分自身の心と体を中心として闘争の過程を経てきました。平和を成し、統一を成して、天倫に従うはっきりした目的に向かって走っていったことが一度もない人間だというのです。言い換えれば、心と体が闘いながら今までの歴史を支えてきたので、結果的に

このような二つの世界に分かれざるを得なかったのです。（二〇一―一六五、一九六八・六・九）

本来、人が生まれながらにして心と体が闘う存在であるとすれば、人間における理想や平和や思想などといったものは、すべて空論です。それは、すべて無駄なことになるのです。本来、人がそのように生まれついたのでなければ、それは可能ですが、もともとそのような人として生まれているとすれば、無駄だというのです。これは、理論的に合わないことです。人は、あくまでも結果的存在です。原因的存在ではありません。何ものかによって生まれたので、その結果は原因と一つになるのです。原因と結果は異なり得ません。結果は原因を内容として現れるので、原因と結果は通じるのです。それで、過程も一致しなければならないのです。それは科学的です。

（八六―三五、一九七六・三・四）

今後、平和の基地をどこから立てるのでしょうか。根本問題をどのようにしなければならないのでしょうか。ある人は、「ああ、社会が悪くてこのようになった」と言いますが、とんでもないことです。皆さん自体に植えつけられた人間の姿の結果として、今日、この世界になっているのです。一人の心と体が争いをするというとき、二人が出会えば、争いをする輩《やから》は四つになるのです。それでは、どのようにして一つにするのでしょうか。お金によってですか。権力によってですか。権力をつかもうとして自分の息子までも殺す世の中です。

何をもって一つにするのかということが根本問題です。四十億人類が暮らすこの世の中は、八十億がお互いに分かれて争いを繰り広げる堕落した世界となっています。ここで、いくらどのようなことをしても平和は訪れません。ですから、根本で解決しなければならないのです。

皆さんの心と体は、神様とサタンの善悪の対決場となって、熾烈《しれつ》な争いを繰り広げています。レバレンド・ムーンのような人も、「宇宙主管を願う前に自己主管を完成せよ」という標語を立てて身もだえした人です。この習慣性をどのようにするのですか。韓国人は、からしみそを食べ、みそを食べるのですが、これを克服することができるのですか。昼は仕事をしなければならず、夜は寝なければなりません。ところで、寝ないでいることができますか。これが問題です。眠りを克服しなければならず、空腹を克服しなければならず、男性が女性に対して克服しなければなりません。「宇宙主管を願う前に自己主管を完成せよ」という標語が出てくるのです。自己を克服しなくては、天も何も、すべて離れていくようになっているのです。

それで、このように霧の中に、塀の中に埋もれた人間の姿をいかにして解放するのでしょうか。この霧を取り払うことができる風を吹かせなければなりません。風を吹かせなければならないのです。その次には、遮っている塀を爆破させるのです。爆破は誰がさせるのでしょうか。私がしてあげるのではなく、自動的にしなければならないのです。サタンが築いたので、サタンが壊し

なさいというのです。（一三七―一五五、一九八六・一・一）

今は終わりの日となって、世界が二つに分かれて闘っています。この世界は、一つの世界にならなければなりません。世界が一つにならなくては、人類は生き残ることができないと思っているのです。しかし、皆さん自身が、心の世界も一つにならなければならないとは考えていないのです。これが問題です。今日、外的に見れば、「一つの世界、平和の世界、理想世界が来なければならない」と主張していますが、心の世界においては、この外的世界が一つの世界になると同時に心の世界が一つにならなければならないと考えることはできずにいます。ここで、一つの世界に向かって跳躍しなければならない時点において、まず、心の世界をどのようにして一つにさせるのかというのです。（一四〇―一三、一九八六・二・一）

二十一世紀の韓国と世界のビジョンとは何でしょうか。それは平和の世界、統一された一つの世界です。すなわち、理想世界の実現が成された次元の高いユートピア的世界のことです。四十億人類が各々国家という限界線内にいるとしても、誰もがそのようなことを願うようになるはずだと思うのです。

世界を一つにする前に南北が一つにならなければならず、南北が一つになる前に私たち個々人が一つにならなければなりません。南北がいくら一つになったとしても、いくら大韓民国が統一された平和の国になったとしても、私たち個人が一つになり得なければ、私たち自体とは関係をもつことはできないのです。私自身が苦悶《くもん》の中にあり、私自身が不安の中で呻吟《しんぎん》しているとすれば、その国がいくら幸福な平和の国であり、世界がいくら幸福な平和の世界だとしても、私と関係を結ぶことはできないのです。

いくら国が一つになり、世界が一つになったとしても、私の心が闘争し、苦心する、そのような自らだとすれば、その平和の国や平和の世界に同参することはできないのです。(一四三―一〇六、一九八六・三・一八)

堕落した人間を見れば、心と体が闘っています。四十億人類がこのように生きているのを見れば、結局、八十億の輩《やから》になるのです。これが統一できますか。一つになるはずがありません。平和をいくら声高く唱えたとしても、不可能です。今まで、歴史過程に数多くの哲人が現れて、様々な思想や理想などを主張して良い世界をつくろうと努力してきましたが、次第に滅びていくのです。(一四三―一五七、一九八六・三・一七)

皆さん、心の統一を成すことができない人が、国において統一された環境を迎えたとして、平和で幸福であり得ますか。考えられないことです。国が統一を見ることができない状況で、世界がいくら統一を成就したとしても、幸福であり得、理想的であり得ますか。そのようなことはないというのです。（一四三―四五、一九八六・三・一五）

先生は、「宇宙主管を願う前に自己主管を完成せよ」という表題を定めておき、その闘いを数十年間してきました。先生までも第一の標語がそれでした。世界統一をしたのに、私の心の中で闘っているとすれば、それで良いのですか。香水をかけ、良い服を着て、舞踏場に出ていく立場であるにもかかわらず、継ぎ当ての服をまとい、どこに現れるというのですか。出てくることが恥ずかしいのです。宇宙がそれを望みません。四季が望みません。恥ずかしい姿を自分自らで覆うことができない、しっぽを覆って、また覆い、また覆い、また覆っても恥ずかしさを感じざるを得ない、このような歴史性をもった自我の根本闘争、戦場を平和へと導かなければならない私自体の責任があるというのです。（一九六―一二三、一九八九・一二・二四）

陰と陽、性相と形状は、相対的であって相克的ではありません。しかし、今日、堕落した人間には、心の声もあり、体の声もあります。心と体が一つになっていません。神様に似て生まれなければならない男性や女性の心と体が、どうして分かれたのかというのです。これが問題です。

神様は絶対的なお方なので、私たち人間の標準の姿である心と体は、絶対的に一つになって神様の全体世界に同化し、一つの中心的な役割をしなければならないにもかかわらず、私たちの心と体はどうして分かれたのかというのです。心と体が分かれたこと自体が思いどおりに成されたことだとすれば、神様はいらっしゃらないのであり、理想や統一や平和や幸福といったものの基地を探し出すことはできないのです。(一九五一―三〇四、一九八九、一二・一七)

パウロも、「わたしは、内なる人としては神の律法を喜んでいるが、わたしの肢体には別の律法があって、わたしの心の法則に対して戦いをいどみ、そして、肢体に存在する罪の法則の中に、わたしをとりこにしているのを見る。わたしは、なんというみじめな人間なのだろう。だれが、この死のからだから、わたしを救ってくれるだろうか」(ローマ七・二三―二四)と嘆息しています。心と体が闘わない平和の基地、その基地をもっていない私自身が、幸福の航海をすることはできないというのです。(一九六―一二〇、一九八九・一二・二四)

世界平和への道を最短化することができるのは、戦争ではありません。国連でもありません。国連自体がこれを果たすことはできません。個人の欲望をもって行動する堕落したこの世の人間を中心としては、いくら理想を描いたとしても、そこには、常に混乱と闘争の歴史が入ってくるのです。これを解消しなくては、平和の道を模索することはできません。これを解消するためには、この根本を知らなければなりません。歴史背景が闘争によって成されているのです。堕落によって、歴史は神様とサタンの闘争から始まったというのです。この根を抜かなければなりません。(三〇〇―一〇八、一九九九・三・二)

私たち人間が生きていくにおいては、人倫があり、天倫があります。人情があれば、天情があるというのです。この二つが常に調和を成さなければならないのであって、相克が起きるようになれば平和な世界はあり得ません。神様がいらっしゃるというのに、人が自分勝手にするならば、いくら人々が平和に暮らしたとしても、そこには神様の審判が起きるのです。(三九―一三八、一九七一・一・一五)

五　平和、心と体が一つになること

皆さんの心と体が一つにならなければ、幸福をいくら探し出そうとしても、それは夢です。いくら平和を描いたとしても、それは夢だというのです。自由という言葉は、一つに統一された立場においてのみ成し遂げられるのです。環境には主体と対象があります。ペア・システムになっているでしょう？　二人がお互いに授け受けるところに自由があるのであり、相克が起きるところに自由がありますか。一つになるところに自由があるのです。夫婦同士暮らしていてけんかをすれば、その日の晩に、夫の部屋や妻の部屋に入っていくことを自由にできますか。それは災いです。千年の事情が立ちふさがるというのです。四十年の人生を生きたとすれば、四十年の人生の事情が立ちふさがるようになるのです。自分の夫に対して、「この年寄り、この者！」と言い、妻に対して、「このおばさん、この者！」と言うのです。このようにして問題になるのです。

それゆえに、一つにならないところには、夫婦の自由もないのです。平和もありません。ですから、皆さんが平和を描くのならば、心と体が絶対的に一つにならなければなりません。これが文《ムン》総裁の教育の第一条です。今まで聖賢たちは、世の中がすべて悪く、自分たちが立派であると思ったのですが、そうではありません。第一条で間違ったのです。お父さんとお母さん、夫婦が一つにならなければ、天下がつばを吐くというのです。夫婦が一つになり、一代と三代が一つになれば、天下が訪ねてくるのです。（二四三―一六九、一九九三・一・三）

神様は、二性性相の中和的主体だということを私たちは知っています。神様には、プラスの性相があり、マイナスの性相があります。それ自体において、プラスの性相とマイナスの性相がもちろん一つにならなければならないのです。一つになったその基準から平和の境地が展開するのです。それは心と体と同じであり、心と体が完全に一つになってこそ、私たち自身が苦衷を感じることがないのです。ですから、神様御自身の中において、プラスの性相とマイナスの性相が完全に一つになるその境地において、初めて愛が出発するのです。（七六―四一、一九七五・一・二六）

天国を成すにおいて一つの重要な標準とは何でしょうか。天国を成すことができる一つの要因とは何でしょうか。それは統一です。統一という原則過程を経なくては、天国は実現することができません。一つになることによってのみ、天国はできるのです。今日、人間たちの願う平和、あるいは幸福といったすべての要件も、どこから成されるのかというと、一つになることから成されるのです。私たちが知っているように、心と体が一つになっていないところでは、いくら私が幸福になろうとしても、幸福になることはできません。いくら平和の基準を維持しようとしても、維持することはできないのです。それゆえに、ここで一つになることが何よりも重要だということを知らなければなりません。（八二―二七二、一九七六・二・一）

絶対的な創造主からつくられた万物においては、創造主の愛を受け、創造主と共に一つになることが目的なので、今日、人間が万物を主管することができる立場に立とうとすれば、必ず神様の心情を身代わりした立場に立たなければなりません。そのような立場で万物に対するようになれば、そこに連結されるのであって、もし神様と心情基準が一致しない場合は、それが連結されたとしても、そこには不幸な、あるいは心の奥深くの心情の根本に、相克的な何かの要因が残るようになるのです。ですから、そこには幸福や平和や喜びはあり得ないと思うのです。

その基盤のもとで、心と体が一つになった男性と女性が愛を中心として一つになれば、それは神様の心情を中心とし、そのような起源で一つになった愛なので、神様の愛を中心として、人類の大幸福、全世界の平和に向かって進んでいこうとする神様の願いの心情と一致して連結されるのです。そこで初めて、神様はお喜びになることができるのです。（八二―二七四、一九七六・二・一）

人には心と体があるのですが、本来、人が心の分野を中心として体が一つとなって、分けようとしても分けることができないようになっていれば、堕落していない完成した人間になっていたはずです。エデンで堕落していなければ、心と体が分かれることはないのです。しかし、人間の心と体は、今まで闘ってきています。歴史始まって以来、堕落した世界のすべての人は、心と体が闘っています。それゆえに、心と体を一つにし得ないことが恨《ハン》です。心と体が一つになり得ないところには、平和はあり得ません。幸福が宿り得ないのです。それゆえに、人間の生涯というものは悲運の生涯であり、「結局、人生は苦海と同じだ」と言ったのも、すべて一理があるのです。

心と体が一つになったという立場に立つようになれば、自らの目が主体ならば、その目が見ているものは対象の立場に立つのです。本然の万物に対して、本然の人間として、主人として見つめながら視線を合わせてあげ、愛してあげることができる平和と愛の境地が皆さんの視線の中で、その雰囲気と環境の中で宿らなければならないというのです。皆さんが聞く音声もそうだというのです。聞く音声から平和を謳歌《おうか》することができ、またそこで愛を甘美にすることができなければなりません。そのような音声を聞かなければなりません。感じることも、考えることも同様です。(八一—二八一、一九七五・一二・二九)

私たちは、今私たちが生きているこの世界が善の世界になっていないことを、あまりにもよく知っています。皆さん個人について見ても、個人が平和の母体となっていないことを、生活の中でよく感じているはずです。すなわち、心が行こうとする方向と体が行こうとする方向が異なる自分自身を発見するようになるのです。(三六—五一、一九七〇・一一・一五)

相手が自分の心に一致するとすれば、その相手にどのようにすることが良くしてあげることでしょうか。人は、自分の心に一致する、一致しないというその基準を世界的に設定することができなければなりません。しかし、皆さんは、少しばかりの畑を中心としても、お互いに闘ったりするのでしょう？　心は世界的でなければなりません。「世界が心に一致する」と言うことができなければならないのです。この世界が心に一致してこそ平和な生活となるのです。（三六―一八二、一九七〇・一一・二九）

私たちの家庭を中心として見るとき、すべての家庭が繁栄する家庭になれば良いのですが、私たちは滅びる家庭も見るようになります。世の中には善の家庭よりも悪の家庭が多く、平和な家庭よりも不和の家庭が多いのです。私たち個体を中心として見てもそうです。私個人を中心として見るとき、幸福な要件よりも、不幸な要件のほうがもっと多いということを知ることができます。（三八―二九九、一九七一・一・八）

今、数多くの人間は、世界が一つになることを願っており、平和の世界を模索しています。しかし、自分自身が一つになり得ない個人によってできている社会や国において、どうして一つになる平和の世界を模索することができるのかというのです。平和の世界を成すことができる動機となり、根源となる私個人が一つになり得ない立場から見れば、私たちが願う目的の世界、すなわち結果の世界も一つになり得ない、ということは言うまでもないことです。（三八―二二三、一九七一・一・八）

人類が善になるためには、まず人類を形成している個々人が善にならなければなりません。そのようにならなくては、人類が善になることはできません。結局は、一人一人が善の人となり、一人一人が真なる立場に立って平和の動機となり、あるいは善の結果の立場に変わることなく永遠に立つことができなければならないのです。そのようにならなくては、いくら平和な世界となることを願ったとしても、この世界は平和の世界となることができません。（三八―三〇〇、一九七一・一・八）

皆さんには二人の人がいます。体の人と心の人が争うようになれば、二つの輩《やから》が生じます。このような人が四人いて争うようになれば、いくつの輩ですか。八つの輩になります。そこに平和があると思いますか。そのような輩が三十六億いれば、七十二億の輩になって争うのですが、そこにどうして平和があり得るのかというのです。とんでもないというのです。（三九―一七五、一九七一・一・一〇）

私たち一個人に心の人と体の人があるというとき、これが一つにならなくては、永遠に平和はあり得ません。これをいかにして一つにするのか、ということを宗教が扱っています。この二つを各々残すことはできないので、その中の一方をなくし、もう片方を残さなければなりません。解決方法は、それしかありません。（三九―一八六、一九七一・一・一〇）

世界平和の基準は、歴史時代の終末点にあるのではなく、闘っている私の心と体を統一させるところにあります。私たちがその位置を自分のものにすることができなければ、ユートピアの世界は訪れません。その世界は不変の世界であるのに、皆さん自身が変わる自らをもって、不変的なものを所有することができますか。それは論理的な矛盾です。絶対に不可能なことです。したがって、問題を提示するとすれば、理想世界を追求する前に、まず自分自身の統一圏、幸福になった自我を発見することができるのか、ということが問題です。（一三九―〇九五、一九八六・一・二八）

未来の世界を見つめるとき、この社会の活動圏内では、平和の道を探し出すことはできません。それでは、どこに行って探すのでしょうか。本然の心の世界から心と体が一つになることができる、そのような統一圏をいかにして発見するのか、ということが問題です。（一四〇―一五四、一九八六・二・一二）

今、私の心と体をどのようにして一つにするのか、ということが問題です。世界に対する不平を言い、世界に対する平和と真の幸福を叫ぶ前に、皆さん自身を中心として、心と体が一つになって平和の基点を成しているのか、平和の中心基点が神様となっているのか、これが問題です。その基点は、心だけでもいけません。神様を中心とした心に一致することができる体とならなければなりません。（一四〇―一五、一九八六・二・二）

私たちは、真《まこと》の愛を中心として、霊的五官と肉的五官を一つに統一させなければなりません。真の愛なくしては、心と体の世界を一つにすることはできません。この心と体が分立して争っている世界が、まさしく堕落した世界です。心が絶対的に中心的でなければなりません。体は、絶対に不平を言うことはできないのです。体は常にマイナスの立場を取らなければならず、心は常にプラスの立場を取らなければなりません。プラスが前に立てば、それは永遠です。心の力を中心として、体はその位置をつくらなければなりません。そのようにしなくては、この世界が平和な世界になったとしても、皆さんは、その理想世界に連結されることができません。特に重要なことは、いかにして心と体を真の愛を中心とした軸、縦的な愛の軸を中心として一つにするかということです。神様は、この縦的な軸の中心としていらっしゃるのです。（二一七―三一六、一九九一・六・一二）

統一の基盤の上においてのみ、平和があり、幸福があり、自由があり、希望があるというのです。皆さんの心と体が一つになっていないのに、そこに自由がありますか。会社に行ったとしても、心と体が世界大戦をしていて定着することができていないのに、自由があるという言葉自体も嫌うのです。心と体が闘っていて、そこに幸福がありますか。それゆえに、皆さんも人生問題について悩むのではないですか。これが根本的な大きな問題です。心と体が一つになっていないところに、幸福や平和があるのかというのです。

問題は、すべてこの線上で起こるのです。平和もここで成され、幸福もここで成され、自由もここで成され、希望もこの線上で成されるのです。これが壊れるときは、すべてのものが砕け散っていくのです。共産党の者たち、マルクスやヘーゲルのような人たちは、心と体が闘っているのを見て、それが人の根本だと思い、堕落したということが分かりませんでした。それで、そこから闘争概念が出てきたのです。（二四二—六〇、一九九二・一二・二七）

心と体が統一体となる人間の理想は、神様の真の愛を完全に所有するときに成されるのです。心と体が真の愛を中心として統一されるところから、真なる自由と平和の理想は、出発が可能なのです。そして、心と体が統一された基盤の上で、自由で平和な個人、家庭、氏族、民族、国家、世界を成すことができるのです。

それゆえに、世界と国家の中においてではなく、個人の心と体の間において平和の基点を探さなければなりません。(二三四─二七〇、一九九二・八・二六)

今、この世界における最も緊迫した課題とは何でしょうか。世界戦争は終わるのです。国同士の闘いは終わりの日になれば終わるのですが、永遠に続く戦争は、心と体の闘いです。誰一人として、これを摘発して治そうと宣言した聖賢はいませんでしたが、ただ一人、文《ムン》総裁がこれを宣言しました。文総裁の言うとおりにすれば、心を中心として体を完全に征服するようになるのです。そこに平和の基準があるのです。お父さんとお母さんが永遠に一つとなり、夫婦が永遠に一つとなり、父子関係が永遠に一つになり、一族が永遠に一つになることができる平和の基地ができるのです。その平和の基地が個人を越え、氏族を越え、民族を越え、人種を越えて、世界の果てまでその基準ができてこそ、世界平和が成されるのです。それゆえに、人間改造革命が必要だというのです。(二〇三─二五〇、一九九〇・六・二八)

言語がこのようになったのは、争いのゆえです。父と息子が争って、その父が、「私は、この親不孝な息子が好んでいたパンを見たくない！」と言って、パンを「パン」と言わず、「ホットック」(注：小麦粉をこねて平たく円形にし、中に砂糖などを入れて中華鍋で焼いたもの)と言うのと同じです。名前を別にしたのです。また、夫婦げんかをして、けんかをしていた時の感情を中心として、「あの人が好むものは見たくもなく、言いたくもないので、私はこのように呼ぶ！」と言う場合と同じなのです。争いゆえに言語がこのように分かれたのです。それゆえに、平和の世界、統一の時代に入ってくるようになって、すべて一つになる時は、言語が統一されなければなりません。（二〇八―八四、一九九〇・一一・一七）

今まで、数多くの聖人たちがこの地に来て霊界に行きましたが、怨讐《おんしゅう》がどこにいて、世界平和の基準がどこにあるのか、ということが分かりませんでした。悪魔とサタンの戦場が私にあるのです。それが分かりませんでした。それで、文総裁は、心と体の統一を主張するのです。（二〇一―八八、一九九〇・五・六）

六　内的、精神的なものを重視しなさい

七〇年代を迎えて、大韓民国において経済復興を確約していますが、物質的なものだけを強調してはいけません。ここには、後ろ盾となり得る精神的な一面がより鼓吹されなければならないのです。

この世界は、二つの世界に分かれています。それでは、二つの世界に分かれたまま永続するのでしょうか。もし人類が二つの世界に分かれた状態で永続するのであれば、この上なく悲惨です。これが一つの帰結点をもたなければ、一つの目的を達成することはできません。一つの目的を達成することができない限り、その人やその国やその世界において、幸福、あるいは平和はあり得ません。二つの間に相克的要因を残しておいたままでは、幸福というものはあり得ないのです。

（二八―一五六、一九七〇・一・一二）

理想世界というものは、ある希望だけを中心としてできるものではありません。それは、平和

の起源であり幸福の起源なので、情緒的な分野を絶対視した基盤の上においてのみ成し遂げられるのです。例を挙げれば、ある世界で権力をもった人がいるとしましょう。彼がいくら強大な権力をもっていたとしても、一人で幸福な人になることができますか。できません。そのような人は、不幸な人です。相対的条件を中心として、深く、広く、高く、世界以上の価値を誓うことができる心情の基盤をもって立つようになるとき、その前に外的に備えられたその権威が内的にも輝くのであって、内的基準が備えられないときは、いくら外的基準を備えたとしても、それはむしろ不幸を招く条件にしかなり得ないのです。（四八―二〇八、一九七一・九・一九）

私たちは堕落した世界に生きていますが、この世界は何によって堕落したのでしょうか。堕落圏内には、世界だけでなく、国、国民、家庭もあります。このすべてが何によって堕落したのかという問題について見るとき、情緒的な堕落に間違いないという結論を出すことができます。私たちは、この世界で幸福を追求し、平和を追求するために、今まで外的な世界を中心として追求してきましたが、これを成し遂げることはできませんでした。外的な世界を中心として追求してきてみると、結果的にはすべて失ってしまったのです。（五〇―二二、一九七一・一〇・二四）

私たちは、外的な統一よりも、絶対的な内的統一をしなければなりません。幸福や平和から心

韓国の各界指導者10万人を対象とした真の家庭運動指導者教育が1999年4月2日から15日まで、韓国の17カ都市で開催された。（写真はソウルのロッテ・ホテルで開かれた真の家庭運動指導者教育）

情を抜き取ってしまえば、残るものは何もありません。最大の権限をもつことができるものは心情です。心情は、歴史を越えて絶対的な基準で進むのです。（一六―二七四、一九六六・六・二六）

皆さんの心と体は闘争しますか、しませんか。皆さんの個体は、昼夜の別なく闘っています。この争う個体が二つになれば家庭となり、十になれば村となり、千、万になれば民族となり、数百万、数億になれば人類となるのではありませんか。このひどい闘争が繰り広げられている所に、平和があり得るでしょうか。それは不可能だというのです。それゆえに、平和の起源は、個人から幸福にならなければなりません。肉的なものを処置し、心の欲望を補強しなければならないのです。それで、宗教は、肉的なあらゆる条件を完全に否定す

るところから出発するのです。（三五―五七、一九七〇・一〇・三）

私たちの本心が平和を願い、幸福を願い、一つになることを願っているのは、永遠不変の真理です。永遠不変の真理なのです。それは変わることがありません。それは変わらないのですが、何が変わって問題なのかというのです。体が問題です。体は東西南北へ巡り歩き、一八〇度変わります。変わる度数が高いほど悪側に近づき、変わる度数が低いほど善側に近づくのです。それは理論的です。（九四―二五〇、一九七七・一〇・一）

皆さんの体を屈服させることができる能力をもつようになれば、皆さんの氏族、宗族《そうぞく》を一つにすることは問題にもなりません。最も難しいことは何かというと、体です。それで、先生がこのようなことを知って、この道を開拓してくる際の標語が何であったかというと、「宇宙主管を願う前に自己主管を完成せよ」ということでした。皆さんがいくら平和を願い、幸福を願ったとしても、この境界線を克服しなければいけません。これを撃破してこそ幸福が訪れてくるのです。（一〇六―二三四、一九八〇・一・二七）

私たちのこの体は、サタンの王宮です。それゆえに神様は、「自分に勝ちなさい、自分を征服しなさい」と教えられるのです。私から一つになる道を模索しない限り、世界の平和的統一は絶対にあり得ません。今日、世界の人類は、外的な世界において、民主世界を中心として、あるいは共産世界を中心として、「一つにしよう、統一しよう、平和の世界をつくろう」と言っていますが、誤った考えです。私たちの心と体が闘ったままでは不可能だ、ということを皆さんは知らなければなりません。外的に一つにしたとしても、内的に私の心と体が闘っていれば、不可能なのです。したがって、真なる平和は私から始まるのです。(七二―一二〇、一九七四・五・二六)

神様の血統を受け、永遠に神様の愛を受けなければならない体が、神様と本然の人間の怨讐《おんしゅう》である悪魔サタンの血を受けて、地獄に引かれていかなければならない恨めしい立場にある、という事実を今まで知りませんでした。言い換えれば、神様を中心として、平和な天国で理想的に楽しく暮らすことができる家庭をサタンが襲って奪い取り、不幸と地獄の世界をつくったというのです。それによって、神様は追い出されたのです。(五三―一四〇、一九七二・二・一三)

私たちは、良心も生きており、体も生きていると自負しますが、善の因縁の中で生活することができないサタンの捕虜となっているので、死んだ者です。したがって、私たちを取り囲んでいる鉄窓を壊して出てこなければなりません。また、私たちの心の中、私の周囲には二つの主人がいて、平和などあり得ず、苦痛が連続しているのですが、ここにおいて、人生の道を探し求めていくべき私たちがもつべき覚悟と決意とは何でしょうか。私たちを取り囲んでいる鉄窓はほかならぬ体なので、良心を動員してこの鉄窓を押し分けて出てこなければなりません。その時が終わりの日です。

自分が捕らわれているということも知らない人間に、神様は、内的には良心のとおりに生きることができるように宗教を立てられ、外的には善の教えを与えて導いてこられました。死亡の世界に生きてはいるのですが、この世代でない新世代、すなわち平和の世界で生きていく道人や烈士たちを立てて役事してこられたのです。（二二―八五、一九六二・一一・二）

七　男性と女性、そして平和

世界に平和をもたらすことができる希望ある思想体系は、文《ムン》総裁が唱えているこの思想しかないというのです。共産世界も、民主世界も、すべて失敗しました。今、残されたものは、「ため」に生きなさいという哲学、永遠の生命を流出し得る真《まこと》の愛、神様の対象である私が神様よりも高くなり得る価値をもったことを賛美し得る自我の発見のみです。ここにおいてのみ、永遠の平和世界、永生の地上天国と天上天国が連結するということは、理論的に正しいというのです。（二〇四―二三〇、一九九〇・七・一二）

男性と女性が永遠に真なる道を歩むことができたならば、世界の多事多端な問題はすべて収拾されるのです。二人にかかっているというのです。この二人が、人間の本然の基準において完全に一致することができる立場に立てば、平和の世界は目の前に訪れてくるのです。いくら環境的条件が良くても、皆さんの心と体が不和であり、心と体が闘うようになるときは、その良い環境的条件は皆さんとは関係ないのです。平和で幸福の基盤とはなり得ないというのです。問題は自分にあります。深刻なことです。（二七三―二〇八、一九九五・一〇・二九）

日と月と星も、一年に一時間も休みません。休みますか、休みませんか。新しい日のために絶えず前進するのです。それと同じ歩調を合わせる人は発展し、それと反対の歩調に合わせれば滅亡するのです。活動するのは、あすの希望のためです。活動するのは、あすの理想的愛の世界のために、平和の世界のために、幸福の世界のためにです。愛を除いた平和はなく、愛を除いた幸福はない、ということを知らなければなりません。

天国に入っていこうとすれば、理想的家庭を回復しなければなりません。それを知っているでしょう？　アダムの心と体が分かれ、エバの心と体が分かれて、この二人の夫婦が怨讐《おんしゅう》となり、その息子、娘は殺戮《さつりく》戦を繰り広げました。家庭においてひっくり返したので、家庭においてひっくり返さなければ、帰っていく道がありません。平和の基地はどこかというと、国でもありません。

「宇宙主管を願う前に自己主管を完成せよ」。それが先生の標語です。問題は私にあるということをすべて回避し、ほかのところにあると考えるので、すべてのものが滅びていくのです。平和の基準は私からです。私の責任です。国の責任ではありません。

前進的自我を発見し、前進的主体性を中心として、平和の基準は私から、幸福の基準は私から、真なる愛は私から、真なる祖国光復は私から、「責任を完遂したのちに死のう」と言わなければなりません。(二七一―一六一、一九九五・八・二八)

世界問題が数限りなく横たわっていたとしても、この問題は男性と女性の二人の問題から延長したものだ、ということを知らなければなりません。今日、世界平和、平和を造成する「青年連合」がすべきこととは何でしょうか。平和をどこから造成するのでしょうか。男性と女性から食い違ったすべての問題、男性と女性の根本問題の戦場を解決することによって、その外的相対世界の八〇パーセント以上は自動的に解決されるのです。女性ゆえに、男性ゆえに混乱した世界となりました。どのような男性と女性でしょうか。心と体が闘っている男性と女性です。男性と女性がなぜ闘うのかというのです。心と体がなぜ闘うのかというのです。体は、体を第一とし、心は、心を第一としており、体が心を第一とすることよりも強いからです。このような動機の出発、原因は何でしょうか。これを糾明しなければいけません。(二六七―二二七、一九九五・一・八)

世の中のあらゆる複雑な問題は、男性と女性の二人の問題です。二人の問題です。家庭を中心とした二人の問題が混乱して、社会問題、国家問題、世界問題へ展開していったのです。家庭さえ整備すれば、あらゆる問題はすべて終わります。平和の世界は、目の前に訪れてくるのです。間違いない男性、間違いない女性、先生が主張する天理の法度に公認を受けることができる男性と女性、そのような家庭になれば、世の中は変わっていくのです。（二七一―二五八、一九九五・八・二八）

男性と女性の二人の問題さえ完全に解決し、それが一つの標準型として出てきて、これを型に押してつくることができるようになれば、世の中は一つの平和世界、理想の世界となるはずだというのです。それは理にかなった話です。

世界問題は、男性と女性の問題を解決すれば終わるのです。家庭で争いをしているのは、世界戦争の続いている現場だということを知らなければなりません。この戦争が終わらない限り、世界の平和や国の平和はあり得ず、幸福はあり得ません。闘争の世界には神様が存在されることはできないので、悪魔が存在するのです。（二五四―二一七、一九九四・二・一三）

全世界は、平和の世界に行く方向も、統一世界に向かう中心も失ってしまい、死亡と塗炭の苦しみの渦中で呻吟《しんぎん》しています。世界は、罪悪世界になりました。国家も、社会も、家庭も、個人もそうです。どうして世界がこのように悪になったのでしょうか。個人は、歴史を通して心と体が闘っています。この闘いは歴史とともに始まり、今まで継承されてきているのです。争う個人から、自然に争う家庭、争う国家、争う世界となって、悪のサタン世界、地獄世界を形成しました。争う世界の出発点、個人は、男性と女性の二人の問題です。

体は地獄に向かう基地となっており、心は天国に向かう基地となっていることを知って、心と体を統一し、平和の立場に立って、神様の血統を再度伝授してもらわなければ、神様の懐に帰っていくことはできません。(二五四—一〇二、一九九四・二・一)

人生の根本問題は何でしょうか。家庭において、男性と女性の問題をいかにして円満に解決するかということです。これは、歴史に責任をもっていくあらゆる指導層の人々、あるいは思想界や宗教界のすべての責任者が解決しなければならない重大な問題です。教会をいかにして発展させるのかが問題ではなく、国をいかにして発展させるのかが問題ではないというのです。いくら国が発展し、いくら教会が発展したとしても、家庭の出発基準となる男性と女性の問題を解決しなくては、そこに平和はあり得ないというのです。(二四二—一四、一九九二・一二・二七)

平和の世界は、私から始まらなければなりません。世界を与えても替えることができない平和の心にならなければなりません。このようなことが問題です。人間の欲望というものは、天地のすべてのものを自分のものにしたいと思うのです。すべての中心的価値の位置に立ちたいと思うのです。そのようになろうとすれば、原則的基準で統一的公式路程を経ていってこそ、その公式路程に計算されたすべての道が完全に一致し、最後の統一の目的地まで到達することができるのであって、公式と食い違えば、いくら欲望を捨てたとしても不可能だというのです。今日、宇宙を構成するすべてのものは、公式的な法度の上で動いているのです。今日の科学技術も、公式の発展基台の上で成立しているのです。(二三〇―三一七、一九九二・五・一〇)

平和統一の起源は私です。心と体が一つになることができなかったのです。皆さんの心と体は一つになっていますか。これがどのようにして分かれたのか、ということを知らないのです。今まで、数多くの聖人、賢哲が現れましたが、心と体の統一を文《ムン》先生のように強調し、そのように教えた人は一人もいません。対外的な世の中が悪いとばかり思ったのであり、世の中の教養の目的が外に対するものだとばかり思ったのであって、自分自身に結実しており、自分自身から出発している、ということを知らなかったのです。(二二〇―一六、一九九一・一〇・一三)

今日まで、多くの聖人たちが対社会問題を扱い、それを整備する教育は行ってきましたが、自分自身を清く整備し、これを祭壇で燃やし、新しい花畑に種として植えられて香りをもった実を取ることができる、このような花畑をつくりなさいと、教えてあげた人はいなかったというのです。今、初めて文《ムン》先生が現れて根本を探し出し、「世界平和を願う前に自分自身の統一をもたらしなさい」と主張しているのです。（二〇六―八三、一九九〇・一〇・三）

人類の平和の基地、幸福の基地、希望の基地が愛だというとき、神様がいらっしゃるとすれば、その神様はどこに行きたいと思われるでしょうか。神様は、私たちと異なるでしょうか。私たち人間と異なるところはないのです。それでは、その神様は、どこにいたいと思われるのでしょうか。愛する夫婦、男性と女性が本当に愛する所にいたいと思われるのであり、父子が本当に愛する所にいることを願われるというのです。それは、神様が人間に対して願う結論であり、人間が神様に対して願う結論です。

このように見るとき、平和が世界にあることを願うのでしょうか、幸福が世界にあることを願うのでしょうか、すべての喜びが世界に充満することを願うのでしょうか。それらをすべて願うのですが、そのすべてのものはどこを中心として動きたいと思うのでしょうか。男性ならば男性、女性ならば女性である私、夫婦、父子を中心とした愛を中心として関係を結びたいと思うのです。そうならなければならない、ということは自然な結論だと言わざるを得ません。（二〇五―一九八、一九九〇・九・二）

平和は、皆さんから始まるのです。「私」からです。「私たち」ではありません。私たちはあとです。私、私です！　私が問題です。すべてのことは、私が問題です。そのような基盤を築くことができなければ、どこにも通じることができず、誰にも従うことができず、いかなるものもコントロールできません。それはどういう意味かというと、滅びるということです。これは、誰も否定し得ません。あなた、あなたです！　皆さん自身が問題です。先生が問題ではありません。（二〇五―一四六、一九九〇・八・一二）

変わらない神様の前に、変わる人になろうというのは冒瀆《ぼうとく》です。私も変わらないようにしなければなりません。変わらない愛の前に、変わる愛を探すというのは冒瀆です。変わらない平和の主体の前に、変わる平和を探すというのは冒瀆だということを知らなければなりません。問題は私です。（二〇五―二〇四、一九九〇・九・二）

お母様が、エバの責任を果たすことができなかったことを解放してあげることによって、初めて女性解放運動が起きるのです。三年圏内において、女性解放を通して国を取り戻していかなければならないのです。国を取り戻していく時代に入ってきたので、結婚式を行うようになりました。サタン圏内から三十六万家庭を取り戻してくることによって、サタン世界は崩壊するのです。

今、世の中の家庭は完全に吹き飛んでいくようになっています。このようなことが起これば、これが大きな主流となるのであり、文《ムン》総裁の家庭理想は、人類を解放し平和の世界へ行く近道だということをすべて知るようになったので、反対がありません。（二七二―五〇、一九九五・八・三〇）

終わりの日が来たので、今日、天側から女性解放を叫ばざるを得ないのです。それで、お母様を中心として、一九九二年四月十日に「世界平和女性連合」を創設したのです。世界平和を成すことができるのは、男性ではなく女性たちです。世界は、完全にその女性圏内において、二世たちを中心として動くのです。男性ではありません。一世は悪魔の体です。サタンの体となりました。二世と母親、その母子圏を中心として完全に一つとなって女性解放を叫ぶことにより、サタン世界は崩壊するのです。（二四二―一二〇、一九九三・一・一）

各国の社会が女性指導者の皆さんによって浄化され、真《まこと》の愛によって平和を成す時、初めて世界統一の宿願も成就されるのです。そればかりでなく、女性が世界を指導し、平和な世界も成し遂げられるはずです。（二三四―一六四、一九九二・八・二六）

今、メシヤとして来られる真の父母の前に、今まで男性たちが主導してきた戦争と暴力、抑圧と搾取、そして犯罪の世界を終結させ、平和と愛、そして自由の満ちあふれた理想世界を実現する真なる役軍《えきぐん》が、まさしくこの時代の女性たちです。

人類の真の父母であるメシヤが再臨するこの時代、南・北韓が愛と真理で統一されるこの時代、世界のすべての宗教が一つになる正にこの時代において、全人類が人種と理念を超越して平和の新世界を創造するために召命を受けた皆さんに、神様は無限の祝福を下さることでしょう。（二二九―八二、一九九二・四・一〇）

第三章　文鮮明《ムンソンミョン》先生の平和思想

一　平和は相対的関係において成立

神様は、絶対者であられ、唯一のお方です。唯一のお方が、完成の基準を自分お一人におかれたのでしょうか。そのようにすれば、大変なことになるのです。喜びと幸福というものは、一人をおいていう言葉ではありません。幸福も、相対的関係をおいていう言葉です。母と子の間において、二人が一つになるところに幸福があるのです。「平和」という文字自体が、平らに和するということであり、既に相対性を含んでいるのです。平和、幸福、このすべての言葉は、独自的な立場をおいていう言葉ではないというのです。相対圏における関係を前提として、平和や幸福というのです。（一三六―一〇四、一九八五・一二・二二）

神様は、なぜ天地を創造されるようになったのでしょうか。神様は、絶対的な主体ですが、主体だけでいては喜びがあり得ないというのです。喜びというものは、一人でなされるものではなく、相対的関係においてなされるものです。平和も幸福も、一人でなされるのではありません。

相対的関係においてのみ平和が成し遂げられるのであり、幸福が成し遂げられるのです。それゆえに、神様も独自的な立場では、神様の本分を果たすことはできないというのです。（五八―二一〇、一九七二・六・一二）

今まで、平和を追求しなかった時代はありませんでした。しかし、変化と不信に満ちたこの地が、今になってそのような理想的要件を成就させることができる立場に立つのではなく、袋小路にぶつかっていることを私たちは直視しています。

私たちは、変わる人間世界を越えて、ある絶対的なお方、不変であると同時に永遠であられるそのようなお方がいらっしゃるならば、そのお方を通して私たち人間が追求するこのような要件を成就させることができる、と考えざるを得なくなるのです。そのようなお方がいらっしゃるとすれば、そのお方は神様に間違いない、と結論づけることができます。その神様は、理想の主体であられ、愛の主体であられ、幸福と平和の主体だと言わざるを得ません。

そのような観点で、神様御自身を中心として、このような幸福や理想、あるいは平和や愛という言葉を考えてみるとき、これらの言葉は、神様お一人をおいて言うことができる言葉ではなく、どこまでも相対的関係において成立する言葉だということを私たちは知ることができるのです。

このように考えてみるとき、今日の私たち人間は、神様の愛を成就させ、神様の理想を完結させ、神様の幸福と神様が願われる平和を完結させるにおいて、なくてはならない存在だという結論が出てくるのです。このことを、私たちは全く分かりませんでした。したがって、私たち人間が神様の提示される内容に一致することができる道を模索すること以外には、神様と人間の相対的な理想を完成させることはできないということは当然の結論なのです。（七四―四六、一九七四・一一・二七）

完成した個人は、神様の創造理想に代わることができます。神様が万物をつくられたのは、ただそのまま御覧になるためではありません。喜ばれるためにつくられたのです。喜びによって幸福になるのであり、幸福になることによって、そこにお互いの平和な環境が成し遂げられるのです。それゆえに、喜びを生み、幸福の問題を解決することができる中心要件は何か、平和の起源となり得る核とは何かという問題を考えてみるとき、これは、絶対的な神様の愛と相対的な関係を結ぶ立場しかないというのです。（六二―一五五、一九七二・一〇・一四）

アダムとエバが、もし神様を中心として完全に一つになっていたならば、相対的立場においても絶対者と一つになっていたので、彼らの愛は絶対的な愛になっていたでしょう。そのようになっていれば、その絶対的愛の圏内で生まれた息子、娘も、絶対的な愛を受けるようになるので、

北朝鮮を訪問し、親族たちと記念撮影をされる文鮮明先生御夫妻（1991.12）

自然に絶対的相対圏に立つようになるのです。絶対的相対圏において、矛盾や相克なく順応する立場に立つようになれば、そこに絶対的愛が共にあるのであり、彼らは絶対的愛の主管を受けるようになります。そして、その息子、娘たちは、平和な愛の垣根の圏内で育つのです。そのような雰囲気では、父母と子女がお互いに和合することができ、神様の愛を賛美することができるのであり、そこにおいて、今日の統一教会が主張する四位基台基準、すなわち理想的な家庭の形態が展開するのです。（五一－一六八、一九七一・一一・二一）

先生が昔、「この宇宙の根本は何ですか」と、深刻な立場でそのような祈祷をした時がありました。その時、答えは何だったかというと、「父子関係だ」というものでした。そのようになる日には、この宇宙は、一つの世界になるのであり、この世界は平和の世界に

なるのです。（二〇四―九九、一九七九・四・一五）

ここにメートル尺があるとしましょう。実際の一メートルはこのくらいなのに、自分勝手に尺を作って「このくらいが一メートルだ」といって測ってはいけません。自分勝手に測ってはいけないというのです。メートル尺は、必ずメートルの原器を中心として製作されたものでなければなりません。それで測らなければなりません。言い換えれば、中心をおいてそれと比較した立場で評価しなければならないというのです。ですから、このように言葉を話すにしても、それを中心として測って話さなければならず、行動するにしても、それに合わせて行動しなければなりません。そのようにしてこそ、平和の基盤が築かれ、統一の圏が展開するのです。（五一―七九、一九七一・一二・一）

平和は、すべてが一つになる起源を離れては不可能です。神様が愛と生命、理想の主体としていらっしゃるのならば、神様は、人間と一つになるために、人間と対等な愛と生命と理想が連結することができる立場を策定しなければならないのです。（六九―七五、一九七三・一〇・二〇）

人間において、最も貴重なものは何かと尋ねれば、「永遠で真なる理想と愛と平和と幸福だ」

と答えるでしょう。真なる理想と愛と幸福と平和というものは、歴史時代において、いつの時も、いつの時代も人類が渇望しなかったことがないことを私たちは知っています。そのような真なる理想、永遠で不変な理想を私たち人類は探し求めて疲れ果て、突き当たりの壁にぶつかって窒息状態に陥っていることを、私たちは直視しているのです。変わる人間世界には、それをいくら探し求めても不可能だという立場に至ったので、もし、変わらず永遠で真なる人間以上のものがいるとすれば、それを通してもう一度探してみることができる可能性があると思うのです。そのようなお方がいらっしゃるとすれば、そのお方は「神様だ」と言わざるを得ません。

いくら全能であられる神様でも、皆さんが知っているように、理想や愛や平和や幸福というこれらの言葉は、一人をおいていう言葉ではないのです。これは、相対的関係において成立する言葉であることは間違いありません。いくら神様が平和の源泉であり、幸福の源泉であり、愛の源泉であり、その理想の源泉だとしても、神様お一人ではできないのです。その理想で何をし、その愛で何をし、その幸福で何をし、その平和で何をするのかというのです。

神様と私たち人間自体を見てみるとき、これは、二人といない父子の関係、あるいは、相対的関係だということを私たちは知っています。それゆえに、今からこの事実を取り戻さなければなりません。堕落した私たち人間たちも、「愛」といえば、その愛が永遠でなければならず、不変でなければなりません。また、平和も理想も、すべてのものが永遠であることを願うのです。そうだとすれば、神様御自身を中心として見てみるとき、神様は永遠の主体であり、不変の主体であり、理想の主体であり、唯一の主体であり、幸福の主体なのですが、そのお方御自身が、自分の対象的存在格である息子、娘という存在が少しの間いて、いなくなることを願われるでしょうか。神様が永遠のお方であるならば、その愛の対象であり、理想の対象であり、幸福の対象であり、平和の対象である私たち人間も、永遠でなければならないというのは妥当なことです。神様が永遠の愛、永遠の理想、永遠の幸福を備えていらっしゃるのならば、永遠の世界がなければならないので、このような世界を宗教では「天国」と言うのです。（七二―一八八、一九七四・九・一七）

不幸な人とはどのような人でしょうか。与えようとしても与えることができず、受けようとしても受けることができない人が不幸な人です。一人では幸福はあり得ません。一人では平和はあり得ません。平和というものは、相対的関係において展開するのです。愛や幸福や平和という、このすべてのものは、絶対に一人でいるときに成立するものではありません。相対的関係において成立する言葉であるならば、その相対が完全な相対でなければ、完全な幸福はあり得ず、完全な平和と完全な愛はあり得ないという結論が出てくるのです。

その完全な愛、完全な平和の基準をどこに行って見いだすのでしょうか。毎日のように変遷し、人の心は朝夕に変わり、山の色は古今同じであるという論理に適用される人間世界では不可能だ

というのです。絶対に不可能なのです。変わるところにおいては見いだすことはできません。（八二―二九〇、一九七六・二・一）

人々が真で永遠の愛と理想と幸福と平和を、追求しなかった時はなかったと思うのです。しかし、今に至っては、不信と反目に満ちたこの地上で、そのような与件を願うことは難しいということを悟っています。既に絶望段階にぶつかり、すべての人々は、窒息状態に処しているのを私たちは直視しているのです。

そのような観点から見るとき、私たち人間同士では、このような理想的な世界、あるいは真で永遠の愛の世界を成し遂げることはできないと思うとき、永遠で真なるある絶対者がいらっしゃるとすれば、その絶対者を通じる道しかないと思うようになるのです。そのようなお方がいらっしゃるとすれば、そのお方は神様だと言わざるを得ません。そのお方は、永遠であり、不変であり、唯一的な存在であられるので、そのお方が願われる理想もそれと同じであり、愛もそれと同じであり、平和と幸福もそれと同じであることは間違いありません。

皆さんが知っているように、愛や理想や平和や幸福というそのような言葉は、一人で成立する言葉ではなく、相対的関係においてのみ成立する言葉だということを、私たちはここではっきりと知ることができるのです。いくら神様でも、一人で愛して何をし、理想があれば何をし、平和と幸福をもてば何をされるというのでしょうか。相対がいなければ成り立たない言葉なのです。

この宇宙の中で、神様の前に相対的な存在となることができるのは、いくら考えてみても、人以外にはいないと断定できるのです。そのように考えてみれば、今日の私たち人間自体が、神様の理想や、神様の愛や、神様の幸福や、神様の平和というものを成就させるにおいては私たちでなければならないという、このような価値的な存在であることを全く考えることができませんでした。（七四―一六二、一九七四・一二・七）

私たちが一つの公式を立てることができるとすれば、その理想的公式とはどのようなものでしょうか。あるいは、幸福と平和の理想的公式とはどのようなものになるのでしょうか。これが問題です。皆さんは、今まで生きてきながら、唐突に「いったい人間というものはいかなるものなのか、自分とはいかなるものなのか」という疑問をもったことでしょう。深刻な問題です。そうでしょう？　人生観がどのようになり、国家観がどのようになり、あるいは世界観、宇宙観、神観がどのようになっているのでしょうか。「ああ、その人生観！　人間自体が分からずにいるのに、何が国家観、世界観だ。ああ、何が宇宙観、神観だ」と思ったかもしれませんが、皆さん、人間は、人間だけで孤立した立場にいることはできないのです。対応的な関係圏を経て、主体と対象関係において、必ず結果的な因縁を確認しなければならない運命の道を歩んでいるのです。

（七七―一一六、一九七五・四・一）

昔から人類は、永遠でありながら真で変わらない愛と理想と幸福と平和を慕ってきたことを、私たちは知っています。

そのお方が真なる愛、真なる理想、真なる平和、真なる幸福を念願されたとすれば、そのお方を通してこそ、これが可能となる道がある、と思わざるを得ません。そのような立場で考えてみるとき、そのようなお方がいらっしゃるのならば、そのお方は神様に間違いありません。

神様は、愛の王となることができるお方であり、理想の王となることができるお方であり、平和と幸福の王となることができるお方です。そのお方を通して、人類が追求してきたこのような理想的要件を成就するためには、そのお方が提示される内容を私たちが知り、従っていかなければならないという結論を下すことができるのです。これは、当然の結論なのです。

私たちが考えてみても、愛や理想や幸福や平和というものは、一人で成立するものではないということを知っています。それは、必ず相対的な関係において成立するものなので、いくら神様が絶対者としていらっしゃるとしても、その神様が願われる愛と理想と幸福と平和は、一人で成し遂げることはできないのです。神様御自身においても、必ず相対が必要だということは必然的な帰結です。

それでは、いったいこの被造万物の中で、神様の対象となることができるそのような存在がどこにいるのかと反問するとすれば、それは言うまでもなく、人間以外にはいないという結論が出てくるのです。神様の理想を成就させることができ、神様の愛を成就させることができ、神様の幸福と神様の平和を完結することができる対象が人間だという事実を、私たちは全く考えることができませんでした。神様お一人で愛して何をし、神様お一人で理想を見いだして何をし、神様お一人で平和で幸福になって何をするのですか。必ず相対となる人間を通さなければ、このような要件を成就させることができないということは当然の結論です。(七五―三二五、一九七五・一・一六)

今日、既成の神学者たちは、「創造主と被造物は対等な立場に立つことはできない」と主張しています。もしそれが事実であるならば、愛は誰を通して成し、理想と幸福と平和は誰を通して成し遂げるのでしょうか。相対なくしては成し遂げることはできません。

さらにもう一歩進んで、永遠であられ、不変であられ、絶対的で唯一であられるお方が神様であるならば、愛の対象として造られた人間に対して、「ああ、少しの間、私が必要な時だけ、私の何かの事情による時だけ、お前は私に必要だ」、そのように考えることができるでしょうか。そのように考えることはできません。愛しているので、理想的なので、幸福の対象なので、平和の主体と対象の関係をもっているので、一時的ではなく、絶対的で永遠であり、不変であられる神様のように、その対象も絶対的で永遠であり、不変の存在にならなければなりません。このような事実を私たちは、ここから知らなければなりません。（七七―一〇三、一九七五・四・一）

この地上に生きている数多くの人々の中には、昔から今まで、その誰も真で永遠、不変な愛と理想と幸福と平和を追求しない人はいないということを私たちは知っています。しかし、変わる現世、混乱状態が深刻になっていくこの時に、反目と嫉視《しっし》が飛び交う社会状態において、人類が追求する理想的な要件を見いだすことにおいては、既に袋小路にぶつかり、窒息状態にとどまっていることを私たちは直視しています。

もし神様がいらっしゃるのならば、神様御自身も真なる愛を願わざるを得ません。また真なる理想、真なる平和、真なる幸福を願わざるを得ません。神様は、正に愛の王であられ、理想の王であられ、平和と幸福の王であられることは間違いありません。ゆえに、そのお方が要求される愛や理想や幸福や平和という要件を、私たち人間がそのお方の側で提示される内容に従って、そのお方の要求に一致することができる道を模索するという方法以外には、私たちの人間世界で真なる愛の世界、幸福の世界、理想の世界が顕現することはできないと思うのです。

神様がいらっしゃるとしても、愛や理想や幸福や希望という言葉は、神様お一人では成立しません。これらは、どこまでも相対的与件が成立したのちに成し遂げられる言葉なので、いくら絶対的な神様であられても、その神様の愛と理想と平和と幸福を成し遂げるためには、必ず神様の前に相対的存在が必要だという意味になるのです。

そうだとすれば、この宇宙の中で、果たして神様の相対になることができる存在は何だろうかと反問するとすれば、これは人間以外にはいないと誰もが答えるでしょう。神様の愛と理想と平和と幸福を完成させるにおいて、神様御自身だけでは成し遂げることはできず、相対的な存在を通してのみ可能であり、その相対的な位置に立つことができる存在が正に人間だというのです。私たち人間でなければ、神様の愛と理想と平和と幸福を成就させることはできないという事実を、私たち人間は今まで考えてみることすらできませんでした。今日、この「私」という存在が神様の理想と愛を成就させるにおいて絶対に必要だという人間本然の価値を、私たちは再び回復しなければならないと思うのです。（七七―一〇〇、一九七五・四・一）

神様がいらっしゃるならば、その神様は、お一人で愛を成就することができるのかといえば、それはできないというのです。神様がお一人で理想を成就することができるでしょうか。神様お一人で幸福と平和を享受することができるでしょうか。それはできないのです。

皆さんが知っているように、愛というものは、一人で成すものではありません。「理想」や「幸福」や「平和」という言葉は、一人でいる立場で成し遂げられるものではなく、相対的関係において成し遂げられるものなので、神様の理想を成就するにおいても、相対がいなければならないのです。神様の愛を完成させるにおいても、相対がいなければなりません。神様の幸福と神様の平和を成就させるにおいても、相対がいなければ成就させることはできません。神様がお一人で愛して何をされ、理想を成就して何をされ、幸福になって何をされ、平和を成して何をされるのでしょうか。これは、必ず相対を立ててこそ可能だという結論になるのです。

今日、私たち人間は、自分自身というものが卑賤《ひせん》なものだと思っていましたが、私たち個々人によらなければ神様の愛を完成させることができないという事実、私自体でなければ、神様の理想を成就させることはできないという事実、神様の幸福と神様の平和を完成させるのは私たち人間でなければならないという明確な事実を、今まで知りませんでした。

不足な私ですが、神様の愛を完結させ、理想を完結させ、神様の幸福と平和を完結させることができる、より高次元的な価値の存在だということを、私たちは、ここでもう一度悟らなければなりません。（七七―一八二、一九七五・四・六）

私たち人間は、今まで真で永遠、不変な愛と理想と幸福と平和を期待しない時がありませんでした。変わる人間を通しては、このような理想的要件を成就させることはできません。これは、今日私たちが現時点において処している世界の状況を見つめてみるときに、如実に証明される事

米国のアイゼンハワー元大統領と会談される文鮮明先生（1965.6.25）

実です。

このような時に、絶対的で、永遠で、唯一で、不変であられる神様がいらっしゃるならば、そのような神様によって、新しい見地に立った真なる愛、真なる理想、真なる平和、真なる幸福の起源を要求せざるを得ないのです。そのような立場で考えてみるときに、神様御自身が描かれる神観、神様御自身が描かれる人生観、神様御自身が描かれる物質観、これを明確にするところから新しい平和と新しい幸福の世界を私たちは迎えることができると思うのです。

ここで問題となることは何でしょうか。いくら絶対的な神様だとしても、その神様お一人で愛や理想や幸福や平和というものを達成なさることができるのかというときに、神様お一人では不可能だということです。愛や理想や平和や幸福という言葉は、一人で成立させることができる言葉ではありません。

どこまでも相対的要件のもとで形成される言葉なのです。

ですから、いくら絶対的な神様だとしても、その神様の前に相対がいなくなるときには、神様が願われる絶対的愛、絶対的理想、あるいは絶対的幸福、絶対的平和も成就することができないという結論が出てくるのです。

そのような観点から見るとき、今日この被造世界において、その絶対的な神様の前に対象的な存在として登場することができる存在とは何でしょうか。人間以外の、また別の存在がいるとは考えられません。この人間だけが神様の理想を成就させることができる対象であり、神様の真なる愛を完成させることができる対象であり、神様の幸福と神様の平和を完成させることができる対象の価値を備えているという事実を、私たちは全く分かりませんでした。

神様は主体であり、私たち人間は対象です。真なる愛の王となることができる神様、真なる理想の王になることができる神様、真なる平和の王になることができるその神様の前に、対象である人間自体を見てみるときに、私たちは無限な価値を備えた存在だ、ということをここから理解しなければなりません。（七七―二六〇、一九七五・四・一四）

私たち人間がどのようにすれば、そのお方が要求される理想的要件を結びつけることができるのか、ということが問題にならざるを得ないのです。人は昔から、真で変わらない愛と理想と平和と幸福と自由を自分なりに追求してきましたが、今に至っては、すべて袋小路にぶつかって希望をもつことができないばかりか、絶望の中で自分自体を恨み嘆くと同時に、世界を恨み嘆かざるを得ないような絶望状態を直視する立場に立っているのです。

神様と私たち人間は、このような真なる理想を願い、真なる愛を願い、真なる平和と幸福を願っているのですが、いつこのような理想世界、愛の世界、幸福の世界、平和の世界が決定されるのでしょうか。それは、二つが一つになる時です。

主体が誰で対象が誰かという問題を考えてみるときに、神様が主体にならなければならないというのです。神様が主体として要求される要件を明確に悟って、神様の側で要求する要点に従って一体化させることができる人間自体を発見しなければなりません。したがって、人間自体をもう一度その基準にまで形成させるようにしなければならないのであって、そのようにしなければ、神様が願われる真なる愛、真なる理想、真なる平和、真なる幸福は、私たち人間と共に成立させることはできません。この事実は、当然の結論です。

ですから、今から皆さんは、神様が提示される内容に従っていかなければなりません。ここで問題となるのは、神様が主体であり、人間は対象だということです。それでは、真なる愛や、真なる幸福や、真なる平和という言葉自体は、一人を前提としていう言葉なのかと問いただしてみるときに、一人を前提としていう言葉ではないというのです。愛といえば、それは、必ず主体と対象関係を公認するところにおいて成立するのです。平和といえば、一人で平和になれますか。ここには、必ず主体と対象関係が必要なのです。また、理想といえば、一人で理想があり得ますか。理想はあり得ないというのです。ここにも、やはり主体と対象関係が必要です。そして、幸福なら幸福も、一人を前提としていう言葉ではないということを、私たちはここで知らなければなりません。このような言葉は、必ず主体と対象関係において決定されるのです。

したがって、ここで一つの問題を提示するとすれば、神様の真なる愛、神様の理想、神様の幸福、神様の平和を達成するにおいては、その対象がいなくては神様もできないというのです。神様がお一人で、「ああ、愛そう」と言って愛して何をするのですか。神様お一人で理想といって何をするのですか。神様がお一人で平和や幸福があって何をするというのですか。必ず対象がいてこそ、神様も幸福、平和、愛、理想が可能になる、ということを私たちは考えることができるのです。

今晩ここに参席した皆さんに、一つ記憶してもらわなければならないことは、神様の真なる愛と理想と幸福と平和を完成させるにおいては、私という人間自体がいなければ不可能だということです。このような事実を記憶してくださることをお願いします。私たちは、このような価値を全く分かりませんでした。このように高貴で理想的な尊厳な価値、神様までも愛から解放することができ、神様までも理想から解放することができ、神様までも幸福と平和から解放することができるこの尊厳な価値を知って、今からは、心深く頭を下げながら自らを賛美し得る皆さんになってくださることを願ってやみません。（七七—三二三、一九七五・四・三〇）

真なる幸福と真なる平和と真なる自由、私たちは今も、この絶望的な塗炭の苦しみの中に立っている現実において、それを追求しているのです。しかし、このようなすべてのものを成就させることができない原因はどこにあるのでしょうか。いくら人間が努力したとしても、これは探し出すことはできないというのです。

その真なる愛は、人間から訪れるものではありません。絶対的な神様がいらっしゃるのならば、神様から訪れるのです。真なる理想は、人間から訪れるのではなく、絶対的な神様から訪れるのです。真なる平和、真なる幸福、真なる自由は、人間から訪れるのではなく、真なる神様から訪れるので、神意に一致することができる立場に立つことができず、何か間違った立場に立っている人間は、そのようなところに到達できないと考えることができるのです。

このような観点から、「愛」や「理想」や「幸福」や「平和」や「自由」ということのような言葉は、一人で成立する言葉ではなく、必ず相対的要件のもとで成立することを私たちは否定することはできません。（七八—一〇三、一九七五・五・六）

絶対的な神様がいらっしゃるならば、その神様がお一人で、「ああ、愛だ」と言うことができますか。神様お一人で、「私の理想がある。私は幸福だ。私は平和の中心だ」と言うことができますか。それは成立しないというのです。ここには、相対が絶対に必要だという事実を私たちは知らなければなりません。相対が必要だというのです。

いくら全知全能で、全宇宙を造られ、それを動かす神様であられるとしても、相対がいなくては神様の愛を成就させることはできないのであり、人がいなければ理想と幸福と平和を達成することはできない、というのが最も理論的な結論です。

きょうここに参席した皆さんが、「私は、神様の愛を完成させることができる驚くべき存在だ。私は、神様の理想を実現させることができる驚くべき存在だ。私は、神様の幸福と神様の平和を成就させることができる驚くべき存在だ」ということを自覚して帰るとするならば、皆さんは、この時間に何よりも貴いものを見いだして帰ることになると思うのです。（七八―一〇三、一九七五・五・六）

愛や平和や幸福、このようなすべての言葉は、相対的関係においてのみ成立するのです。一人ではできません。「ああ、私一人で愛だ。愛だ」と言えば、それは狂った人になるのです。「私一人で平和だ。平和だ」と言えば、狂った人です。「私一人で幸福、幸福」と言っても、一人で幸福になることができますか。それは狂った者です。それは、相対的与件、愛を中心として連結されなければなりません。愛を見いだせば幸福は自動的に訪れるのであり、愛を見いだせば平和も自動的に生じるのです。それは副産物です。（八五―五五、一九七六・三・二）

人類歴史上いかなる時代においても、人間は、永遠で、普遍的で、真なる愛と幸福と平和と理想の世界を追求してきました。現代においても、これが実現されることを待ちわび、追求しているのです。しかし、その希望が欠乏した立場に立っているという事実を、私たちはあまりにもよく知っています。ですから人々は、落胆して、「この世界は、もう終わりだ。これ以上行くことができない」という限界にまで追い込まれ、窒息圏にいるという事実も、私たちはよく知っています。

このように変化していく人類世界において、そのような希望が成し遂げられないとしても、もし人間を超越して絶対的な神様が存在されるとすれば、その神様は、真なる愛、真なる平和、真なる幸福、真なる理想を成就されるのは間違いありません。これ以外に私たちが追求していく道はないのです。

このように考えてみるとき、神様御自身は、愛の王であられ、あるいは平和と幸福の王であられ、理想の中心者に違いありません。それゆえに、人間がそのようなものを追求していきながら限界にぶつかってしまうようになれば、神様を通して打開していく道以外にはないと思うのです。

「愛」や、「幸福」や、「平和」と「理想」という言葉、それ自体を考えてみるときに、そのようなものは、一人では成し遂げることができないものだと思うのです。愛も、幸福も、平和も、理想においても、相対関係がなければ成し遂げることができません。そのように考えてみるとき、神様においても、神様御自身だけで愛や幸福、そして平和と理想のようなものを成し遂げることができるでしょうか。このように質問を繰り返していけば、神様も「自分だけでは成し遂げることができない」と言わざるを得ません。ですから、相対関係の理想を成し遂げるにおいては、この宇宙世界において、誰かがその相対の立場に立たなければならないということになるのです。

このように考えていけば、この宇宙の中で、もし神様が主体だとすれば、その相対的な立場に立つことができるのは、私たち人間以外にはいません。そうだとすれば、神様が願われる愛の完成は、神様の愛によって成し遂げられるのではなく、神様の平和や幸福や理想も、やはり神様御自身だけによって成し遂げられるのではなく、私たち人間がいなくては成し遂げることができない、という事実を考えることができるのです。そしてまた、今まで全人類、あるいは個々人においても、ここまで考えた人はいなかったことを感じるようになるのです。（七二―一〇、一九七四・五・七）

神様は愛のないお方でしょうか。そうではありません。神様は愛をもっていらっしゃいます。

しかし、愛を感じ得る対象をもつことができなかったというのです。愛は、一人では絶対に感じることはできません。幸福も感じることはできません。幸福も同じです。平和というものも、一つの国をおいていうものではなく、相手の国家との間において成立することができる相対的関係をいうのです。(一四五―二六七、一九八六・五・一五)

「平和」といえば、何を前提としていう言葉ですか。平和は、一人を前提としていう言葉ではなく、必ず相対圏を前提としていう言葉です。そこには、必ず愛がなければなりません。愛が離れた世界には、平和なものがあり得ないのです。(一七五―一九六、一九八八・四・一七)

平等というものは、一つを中心としていう言葉ではありません。左右という観念において、この二つが一つの水平を成して初めて平等になるのです。平和という言葉自体は、一人を前提としていう言葉ではありません。必ず相対的関係を前提としていう言葉です。東西を中心とした平和をいうのです。東を中心とした平和は一方的な平和であって、全体の平和に代わることはできません。「平」という字を含んだ「平準」、「平衡」、このような言葉は、すべて相対的、二つ以上を中心として連結されるところにおいて成立する言葉なので、平和の境地というものも、男性と女性が一つになるところで成し遂げられるのです。

このように思うとき、平等の立場を成し遂げることができる唯一のものがあるとすれば、それは愛しかありません。男女平等権も同じです。よく、「女権獲得運動だ」と言う最近の女性たちが、いくら気勢をあげながら努力したとしても、女性と男性は平等になることはできません。労働をしても、女性が男性を凌駕《りょうが》することはできず、すべての面において対決するとき、女性が男性を凌駕することはできないというのです。しかし、愛だけが男女間の平等を成し遂げることができるのです。（一六六―二二七、一九八七、五、二八）

自分のものを投入して犠牲にしなければ、一つの平和と統一の世界は、永遠に訪れません。個人主義がどこにありますか。自分において、自分だけを主張する部分は一つもありません。子女が、父母の愛によって母親のおなかの中で、卵子から成長して生まれるとき、九九・九九九パーセントが母親の骨と血肉です。そして、〇・〇〇一パーセントの父親の精子が一つに合わさって生まれるのです。そこには「自分」という概念はあり得ません。誰でも、生まれるときに「自分自身だけだ」という概念はなかったのです。（二九九―一一九、一九九九・二・七）

平和という基準の理想の境地は、一人で成し遂げることはできません。虫やちょうがなぜ生まれたのでしょうか。植物世界に、虫やちょうがいなければどのようになりますか。風がなければどうなるでしょうか。繁殖することができますか。蜜《みつ》で何をし、香りを出して何をするのですか。なぜ蜜があり、なぜ香りがあるのですか。すべて相応的対応世界に合わせて和合し、お互いが存在圏を相互扶助するようになっているのです。また、男性と女性、動物世界も雄と雌がいるでしょう？　雄と雌の器官は、人も動物も同じですか。形は違いますが、内容は同じではないですか。雄と雌が一つになって子供を産むのでしょう？　人はどうですか。男性と女性が一つになって赤ん坊を生むのです。(二三〇―三二〇、一九九二・五・一〇)

二　他のために生きるときに訪れる平和

宇宙の存在秩序は、「ため」に生きることを根本としています。真なる理想、真なる愛、真なる平和の世界は、神様の創造理想であると同時に人間の希望です。ゆえに理想の起源、幸福と愛の起源は、相対のために生きるところにあるのです。（一三五―一三三、一九八五・一二・一二）

自分は自分のために存在するというところでは、お互いに一つになることはできません。食口《シック》たちが平和の動機を成すことができ、お互いが慰安の対象となるためには、「私は、あなたのためにいる」という立場に立たなければなりません。私はあなたのために、食口のためにいるというところにおいてのみ、平和は描かれるのです。父母が子女のためにいるというときに、初めて子女たちにおける安息の住みかが出発するのです。父母が自分のためにいるというときには、子女たちの安息の住みか、幸福の住みかは破綻《はたん》するようになるのです。

子女たちが父母の前で、「父母は私のためにいて、私は私のためにいる」と言えば、その父母には、安息と幸福の場はあり得ません。そのように考える人が増えれば増えるほど不幸であり、そこには安息の基盤を築くことはできないのです。すなわち、食口《シック》たちが他の食口のためにいるという所こそが、平和の基盤になり、安息の基盤になり、幸福の条件になることができるのです。(六〇―二一、一九七二・八・一)

相対のために生きながら暮らしていこうという原則さえ掲げていけば、家庭では、平和の家庭、自由の家庭、幸福な家庭、愛の家庭、社会でも平和の社会、自由の社会、幸福な社会が成し遂げられるのです。国家と世界においても同じです。いかなる所であっても、この原則を中心とすれば、幸福と自由と平和と愛が宿らざるを得ないという結論は当然だということを、皆さんは知らなければなりません。(七〇―三〇七、一九七四・三・九)

神様は、知恵の王であられ、全能のお方なので、人類世界の真なる愛と真なる幸福と真なる平和と真なる理想を、主体と対象関係の中で、主体を中心とした方向にその起源を決定するか、そうでなければ客体を中心とした立場にその起源を定めるか、どちらかにしなければなりません。神様が、その永遠の理想世界を望まれながら、それを決定しなければならないというのです。

ですから、主体を中心に客体が侍るのではなく、神様御自身において、客体を中心にして神様自体が存在するという立場をとらざるを得ないという事実を私たちは理解するようになるのです。そのようになれば、すべてのものが一つになります。すべてのものが発展の原則に従うようになるので、全知全能であられる神様は、この平和と幸福、理想と愛の本源の基準を、「ために存在する」というところに定めざるを得なかったというのです。

したがって、理想であるとか、愛と平和、そして幸福は、自分を主体として主管し、あるいは侍るようにするのではなく、何かのために生き、何かのためにプラスとなるという立場に立てておいたのです。そのようにしてこそ、真なる愛、真なる幸福、真なる平和、真なる理想が始まるのです。宇宙創造の理想の原則をこのように立てておかれたというのです。（七二―一四、一九七四・五・七）

「ため」に生きる生涯を送ろうとする男性と女性が夫婦になったとすれば、そのような夫婦こそ、理想的な夫婦なのです。そうではないですか。そのような夫婦こそ、真なる平和の基準を求めることができるのです。そのような夫婦において、初めて真に幸福な夫婦というものが成立するのです。そのような夫婦こそ、永遠不変の真《まこと》の愛の主体者となることができるのです。

それでは、このような原則を適用して、真に理想的な父母は、どのような父母でしょうか。自らのために存在し、自らのために生涯を送ろうとするのではなく、子女のために生まれ、その子女のために存在してきたと考える父母、子女のために生命を捧げて生涯を終えようという父母がいたとすれば、そのような父母こそ、真《まこと》の父母とならざるを得ません。このような父母こそ、真なる平和、真なる幸福、真なる理想の父母です。その反面、子女の立場でも、自分が生まれたのも父母のために生まれたのであり、生きるのも父母のために生きるのであり、死ぬのも父母のために死ぬとすれば、その子女は孝子にならざるを得ません。真なる愛を受けることができる、真なる幸福と真なる平和と真なる理想の子女にならざるを得ないというのです。（七二―一五、一九七四・五・七）

私たちは、主体であられる神様と対象である人間、この二つの存在を知りました。またこの二つは、必ず一つにならなければならないことを知りました。ところが、真なる愛、真なる幸福、真なる平和、真なる理想、真なる自由の根源をいかなる場におくのかということが、神様御自身が考えられるとしても問題とならざるを得ません。

それゆえに、男性も女性も、本来自分のために生まれたのではなく、相対のために生まれたのです。相対のために存在し、相対のために生き、相対のために死ぬところにおいて、真なる理想、幸福、平和、愛があるということを、今私たちは知らなければなりません。これが宇宙の根本真理だということを私は知りました。この原則が適用される場、言い換えれば、父子の関係にこれ

平和運動への功労により宗教指導者たちから感謝牌を受けられる文鮮明先生御夫妻

が適用されれば、真なる父母がそこにいるのであり、真なる息子、娘がそこにいるのです。このような関係においてのみ、その理想、あるいは幸福な父母と子女の場が成立するということは間違いありません。

もし、愛する夫婦が、結婚するときに初めて出会い、「私はあなたのために生まれて、あなたのために今まで生きてきて、あなたのために死ぬでしょう」と言えば、その夫婦は、その時その場において理想的な夫婦であり、幸福な夫婦であり、平和の夫婦であり、自由をもった家庭の夫婦だと言うことができるのです。（七三―一九一、一九七四・九・一七）

「ために存在する」ということは、宇宙の本源の原則です。この原則が理想の基盤になることを思うとき、その原則の上に立ってこそ、すべての幸福と、すべての平和と、すべての理想を手に入れることが

できるのです。（七二―二八、一九七四・五・七）

私がこのミスター朴《パク》という人に、一〇〇パーセントの恩徳を施し、愛してあげたということを知るようになるとき、彼は、一一〇パーセント以上を私に返したいと思うのです。彼が一一〇パーセント返してくれれば、そこでまた私が返してあげるときに、もらったものにさらにプラスして一二〇パーセントを返してあげたいと思うのです。ここで初めて永遠という概念が始まるのです。真なる愛は、永遠に続くのです。幸福も永遠に続くのです。理想も永遠に続くのです。平和も永遠に続くのです。それだけでなく、このように「ため」に生きるところにおいてのみ発展があります。発展があり、繁栄があるというのです。（七三―一九三、一九七四・九・一七）

皆さんは、「ために存在する」というこの原則に従っていかなければなりません。そこに皆さん個人の平和があり、家庭の平和があり、さらには氏族と民族の平和があるのです。このような思想的裏づけを抱いていく路程において、徹頭徹尾、疲れずに克服していくことができる群れがいるとすれば、その群れは、アジアにおいて受難の道を克服していくことができる問題の集団になるのであり、また世界の受難の道を克服していきながら、世界のために生き、世界を救うことができる問題の集団となるのです。（七七―一二五、一九七五・四・一）

　ここに夫婦がいれば、真なる夫婦、永遠で不変の愛の夫婦をどこで探し出すことができるでしょうか。お互いが「ため」に生きるところ、夫は妻のために存在し、妻のために生き、妻のために死のうと思い、また反対に、その妻は、夫のためにそのようにしようというところにおいて、初めて真なる夫婦、理想的な夫婦、あるいは平和と幸福の夫婦を探し出すことができるのであって、それ以外では探し出すことはできないのです。

　真なる父母もそうです。子女のために生まれ、子女のために生き、子女のために死ぬというとき、そこで真なる父母が、理想的な父母が、幸福の起源であり、平和の起源となる父母が存在することができるのです。

　簡単です。平和の起源、幸福の起源をどこで立てるのでしょうか。他のところ、しきりに世界を一つにしようとするのではなく、自分自身を中心として、「私は、自分のために生まれたのではなく、対象と相対のために生まれた」ということを発見すれば、宇宙のすべての難問題は解決されてしまうのです。（七四―一六三、一九七四・一二・七）

　知恵の王であられ、全体の中心であられる神様が、真なる理想や真なる幸福や真なる平和というものの起源を主体と対象、この両者の間のどこにおかれるのでしょうか。これが問題とならざるを得ないのです。主体がいる反面、対象がいるのですが、主体のために生きる道と、対象のために生きる道、この二つの道の中で、いったい神様は理想の要件をどこにおかれるのかということが、創造主であられる神様として問題にならざるを得ないというのです。

ですから、真なる理想、真なる愛、真なる平和を成し遂げるにおいて、対象が主体のために生きるところにその理想的起源をおくのか、そうでなければ、主体が対象のために生きるところにその起源をおくのかという問題を考えられた神様は、その理想的起源を、対象が主体である私のために生きなさいという立場に立てたのならば、神様がそのようにすると同時に、自分がある対象の前に主体の立場にいれば、すべての人が私のために生きなさいという立場に立つようになるのです。そのようになれば、一つになる道がふさがってしまうのです。分立してしまうというのです。一つになることができ、平和の起源になり得るその道は、どこにあるのでしょうか。神様御自身だけでなく、真なる人間は「ため」に存在しなければならない、という原則を立てざるを得なかったというのです。それゆえに、真なる愛は「ため」に生きるところから、真なる理想は「ため」に生きるところから、真なる平和も、真なる幸福も「ため」に生きる場を離れては、見いだすことはできません。これが天地創造の根本原則だったという事実を、私たち人間は知りませんでした。

真なる父母はいかなる人なのかというとき、子女のために生まれ、子女のために生き、子女のために死ぬ人だということができます。そのようになってこそ、真なる父母の愛が成立するのであり、真なる子女の前に理想的な父母として登場することができるのです。さらには、子女の前に平和の中心となるのであり、幸福の基準になるということを私たちは知ることができるのです。その反面、真なる孝道は、どこに基準をおくのでしょうか。その反対の立場です。父母のために生まれ、父母のために生き、父母のために命を捧げる人が真なる孝子になることができるのです。そのようにしてこそ、父母の前に理想的な子女であり、真に愛することができる子女であり、幸福と平和の対象になることができるのです。

このような基準から見るとき、ここで私たちが一つの公式を提示するとすれば、「ため」に存在するところにおいてのみ、このような理想的な要件、すなわち真なる愛、真なる幸福、真なる平和を探し出すことができる、ということを今私たちは推し量り得ると思うのです。（七五—三一八、一九七五・一・一六）

お互いに「ため」に生きなければならないという公式的な原則を拡大し、国家と民族を超越してお互いが「ため」に生きてあげる世界を成し遂げれば、その世界が正に私たちが願うユートピア的愛の世界なのであり、理想の世界なのであり、平和の世界なのであり、幸福の世界であることは間違いありません。「ため」に存在するということの原則を掲げていけば、どこでも通じない

ところがないというのです。（七五―三二五、一九七五・一・一六）

真なる夫はどのような人でしょうか。生まれたのは妻のために生まれたのであり、生きるのは妻のために生きるのであり、死ぬのも妻のために死ぬという立場に立った夫がいれば、その妻は、やはり夫は真なる愛の主人であり、真なる理想の主人であり、真なる平和と幸福の主体としての夫であることに間違いないと称賛せざるを得ないのです。その反対の場合も同じです。

このような事実を自らが確信することができない場において問題が勃発《ぼっぱつ》するということを、私たちは知らなければなりません。これを天地創造の大主宰であられる神様が創造の原則として立てられたので、その原則に従っていかなければ、善で、真で、幸福で、平和な世界、あるいは愛と理想の世界に入っていくことはできないということを私は知っているのです。（七五―三一九、一九七五・一・一六）

カイン家庭はアベル家庭のために生き、アベル家庭はカイン家庭に感謝する、お互いが分けることのできない伝統的因縁が結ばれてこそ、その息子、娘たちは一つになることができ、矛盾や相克のない自然な立場で生活するようになるのです。そこで初めて国を取り戻すのであり、サタンに対して闘う群れはその国の圏内にはいないので、そこにおいて平和の国が出発するようにな

るのです。（五八―一八六、一九七二・六・一一）

皆さん、見てください。ヒトラーのような人に対して、「ヒトラーがなぜ独裁者なのか。堂々とした英雄ではないか」と言う人もいます。最近の青年たちは、「立派な男ではないか。この悪なる世界をそのままにしておくよりも、剣ですべてを除去して一つにすれば、一つになることができないよりも良いではないか」と言うのです。それでは、なぜ彼が独裁者という烙印《らくいん》を押されたのでしょうか。そのように烙印を押されたのは間違いでしょうか。違います。彼は、「ヨーロッパはゲルマン民族のために存在しなければならない」と言ったのです。ゲルマン民族がヨーロッパのために存在しなければならない、という観念をもたなければなりません。違うというのです。「ドイツ民族のためにヨーロッパがあるのであって、それ以外にはあり得ない」と言ったのです。しかし、ヨーロッパの平和のためにドイツが存在しなければならないのです。もし「ヨーロッパの利益のためにドイツがある」と言ったならば、それは悪ではありません。もし彼がそのような統治者だったならば、彼は歴史的な政治家として残っているでしょう。これが違うのです。（五七―五五、一九七二・五・二八）

神様は主体であられ、私たち人間は対象です。それでは、主体と対象の関係を中心として、今神様が考えなければならないことは、真なる愛と幸福と平和と理想の基準をどこから出発させるのかということです。その起源をどこにおくのかということを、知恵の王であられる神様は、問題視せざるを得ないというのです。

真なる愛は、「ために生きなさい」と言うところにあるのではありません。真なる理想、真なる幸福、真なる平和の基準は、「ために生きなさい」と言うところにあるのではありません。「ため」に生きようとするところから始まります。それゆえに、真なる夫婦、真なる父母、真なる師、真なる愛国者、これらのすべては、自分自身を中心として引き込むところから始まるのではありません。自分自身を投入するところから始まります。創造自体がすなわち投入なのです。(七七―一〇五、一九七五・四・一)

真なる父母は、どのような父母でしょうか。その父母は、自分が生まれたのは子女のために生まれたのだと考え、今まで生きてきたのも子女のために生きてきたのであり、今後死ぬのも子女のために死ぬという父母です。「ため」に存在し、「ため」に生き、「ため」に死ぬという立場に立つようになるとき、その父母は、真なる父母であり、愛の父母であり、理想的な父母であり、その息子の前に平和と幸福の要件を提示する父母であることは間違いありません。

それでは、真なる孝子とは誰でしょうか。自分が生まれたのは父母のために生まれたのであり、生きるのも父母のために生き、死ぬのも父母のために死ぬという息子です。父母だけのために生まれ、父母だけのために生き、父母だけのために死ぬという立場で、あらゆる至誠と生命すべてを投入する場において、真なる孝子を発見することができるのです。その孝子を見てみると、愛の息子であり、愛の孝子であり、父母として願う理想の息子であり、また彼に対するその場が平和の根源になるのです。そして、彼に対するその父母は、幸福な父母になることができるのです。宇宙創造において、存在が備えなければならない理想的根源を「ため」に生きるところ、「ため」に存在するという原則に設定されたという事実を否定することはできません。

どのような夫が真なる夫でしょうか。同じです。「私が生まれたのはあなたのために生まれたのであり、あなたのために生き、あなたのために死ぬ……」という夫が真なる夫です。真なる妻も同じです。「私が生まれたのもあなたのためであり、私が生きるのもあなたのためであり、また私が死ぬのもあなたのためです！」、このように相応しながら、自ら自身を越えて相対のために生きるという原則を備えることができる家庭ならば、その家庭は、理想的な家庭であり、それこそ愛の家庭であり、幸福な家庭であり、平和の家庭に間違いありません。

神様がこのような原理原則を立てたという事実を、今日の人間たちは知りませんでした。今晩、この場に集われた皆さんが、理想と愛と幸福と平和の世界を慕うそのような心をもつことを願い、方向を転換させることができる道を行くならば、その世界が皆さんの前に可能な世界となるので

金大中大統領（写真左から二番目）と共にケーキカットされる文鮮明先生御夫妻

す。

今、皆さんは、今晩この場において一つの公式を発見しました。「ため」に存在するという過程を経てこそ、一つの理想を成就させることができるようになっているのです。ですから、いくら立派な人だとしても、この公式から外れては、理想と幸福を追求することはできないのです。死の道を避けることができない人間の運命と同じように、神様が立てられた天地原則の基準に従ってこそ、その愛と幸福と理想と平和を見いだすことができるというのは事実です。今から皆さんの生涯路程において、このような観を通じた一つの公式的な基準を中心として、すべての物事を判断するようになれば、人間が願う理想的要件を成就させるにおいては、すべてこの過程を経ていかなければならないということを発見することでしょう。（七七―一〇六、一九七五・四・一）

神様は、知恵の王であられるので、相対のために存在するという天理原則、創造の秘訣《ひけつ》を立てられたことを私たちは知らなければなりません。「ため」に存在するところにおいてのみ、真なる愛が勃発《ぼっぱつ》するのであり、真なる理想、真なる幸福、真なる平和が成立することを皆さんが理解してくださるよう願います。このような公式を適用して、一度調べてみましょう。（七七―一八八、一九七五・四・六）

私たちは、神様が理想世界を創造された一つの公式原則をここで探し出すことができるのです。「ため」に存在するところにおいてのみ、神様の真なる愛が出発することができるのであり、「ため」に存在するところにおいてのみ、神様の理想的相対が顕現するのであり、「ため」に存在するところにおいてのみ、平和が成し遂げられるのであり、幸福が成し遂げられることを、きょう皆さんが記憶してくださるよう願います。

例を挙げれば、真なる父母とは、どのような人のことでしょうか。いったい、真なる父母とはどのような人なのかというのです。真なる父母がほかにあるのではありません。生まれたのは子女のために生まれ、生きるのも子女のために生き、死ぬのも子女のために死ぬことができる、すべてを子女のためにすることができる立場に立ったそのような父母であるならば、この父母は真なる愛の父母であり、真なる理想の父母であり、真なる幸福の父母であり、真なる平和の父母とならざるを得ません。「ため」に存在するところにおいてのみ、変わらない永遠の不変なる愛と理想と幸福と平和が設定されることを知らなければなりません。

そのような夫婦が現れれば、神様の愛を受けることができ、神様の平和の対象となることができ、神様の理想の対象実体となることができ、真で永遠の理想的夫婦であり、愛の夫婦であり、平和の配偶者であり、幸福の彼らになることは間違いありません。（七七―一八六、一九七五・四・六）

数多くの宗教において、経書がいくらたくさんあるとしても、「ために存在しなさい」という言葉にすべて結論づけられるのです。新・旧約聖書六十六巻のすべてを総括的に結論づけるとすれば、「ために存在しなさい」という言葉ですべて終わるのです。イエス様は、「人の子がきたのも、仕えられるためではなく、仕えるためであり、また多くの人のあがないとして、自分の命を与えるためである」（マルコ一〇・四五）とおっしゃいました。それは、この思想をもって語られたのです。なぜそのように語られたのでしょうか。神様が天地創造の原則、理想的基準を、「ため」に存在するところに立てられたからです。ですから、本然の世界の法度に順応しなければならない、天理を代表した天の息子は、必ずそうでなければならないのです。それゆえに、仕えるために来たと強調したのです。「だれでも自分を高くする者は低くされ、自分を低くする者は高くされるであろう」（マタイ二三・一二）と語られました。「人がその友のために自分の命を捨てること、これよりも大きな愛はない」（ヨハネ一五・一三）と語られました。たった一言の結論は、「ために存在しなさい」ということです。ここから天国が顕現することができ、神様が顕現することができ、神様の愛が顕現し、神様の平和と幸福と理想が顕現し得るという事実を、私たちは聖書を通してはっきりと推し量れます。（七七─一九〇、一九七五・四・六）

愛は、対象から来るのです。対象がなければ愛もありません。対象がなければ理想もありません。対象がなければ幸福も平和もあり得ません。これらは、必ず対象を通して来るというのです。自分の生命よりももっと貴い愛と理想が対象から来るのです。生命よりも貴いものが対象を通して来るので、その貴いものを受けるためには、謙遜《けんそん》に準備しなければなりません。それゆえに、神様は、頭《こうべ》を垂れて「ため」に生きなさいという法度を立てざるを得なかったことを、皆さんは知らなければなりません。

「ため」に生きるところにおいて永遠があり、「ため」に生きるところにおいて繁栄があり、「ため」に生きるところにおいて中心が現れ、「ため」に生きるところにおいて平和と統一の起源が起こり、「ため」に生きるところにおいて真なる愛と理想が形成されることを御存じの知恵の王の神様であられるので、「ため」に存在する原則を立てざるを得なかった、ということを知ら

なければなりません。（七七―一九二、一九七五・四・六）

今日の統一教会の若者たちに、何を教育するのかというのです。創造の秘法がここにあるので、愛と理想がここにあることを知っているので、神様に出会いたければ、神様の愛をもちたければ、神様の平和と幸福に加担したければ、「ため」に存在する人になりなさいというのです。他のことはありません。文《ムン》先生が何か優秀で、何か手際が良く、能力があるのではありません。神様が共にいらっしゃることができ、神様がその道に従ってこざるを得ない思想に従っていかれるので、個人もそのような思想、家庭もそのような思想をもたなければなりません。（七七―一九五、一九七五・四・六）

「ため」に存在するという天理のみ旨に、従っていかなければなりません。皆さん、今個人を中心として前後左右を見てみましょう。誰かがより国のために生きているならば、その人に神様のように侍り、主のように侍ることができる生活をしなさいということです。もし、そのようにできなければ、自分がそのようにすることができる生活を始めるのです。そのようにすれば、私の心には平和の天国が訪ねてくるのです。そして、無限であられる神様の愛と神様の実存性を認定し、神様に抱かれて暮らす理想的地上天国の環境を受け入れることができるようになるのです。

間違いないというのです。そこに幸福があるのであり、そこに平和の安息所が生じるのです。このようにすることができる個人を慕って努力しなければならないのが人生の行くべき道であり、このような国を慕って国家、民族を越えて国として糾合し、神様のみ旨を立てることを願うのが、人類と神様が願う最後の地上楽園なのです。（七七―二〇三、一九七五・四・六）

皆さんが霊界に行けば、神様は、天地の中心存在としていらっしゃるので、そのお方の前に千年、万年、支配を受ければ受けるほど、それ以上の幸福はないことを知るのです。もしそれが信じられないのなら、すぐに死んでみてください。今日の私たちは、このことを知りませんでした。自分のために心から支配してくれる人、そのような方がいれば、そこに真なる平和が存在することができるという事実を、私たちは全く分かりませんでした。「ため」に生きる存在は、中心存在になり、そうなることによって完全に統一的な環境をここから造成することができる、という事実を私たちは知らなければなりません。（七七―二七二、一九七五・四・一四）

皆さんは、最高の神様が「私のためにいる」と言い、最高の神様の愛が「私のためにある」と言う、その位置に行って初めて平和や、幸福や、理想や、真なる愛という安息が成し遂げられるのです。

このようなことが可能なその世界、個人でも「ため」に生き、家庭でも「ため」に生き、社会でも「ため」に生き、国家と世界的にも「ため」に生きることができる、どこに行っても「ため」に生きることができるそのような所が、私たちの願う最高の理想郷です。真なる愛があり、真なる平和があり、真なる幸福があり、真なる自由がある世界、そこがいわゆる私たちの願う理想世界です。また、地上でそのような世界が展開し、神様を中心として一つになっているので、地上天国にならざるを得ないというのです。（七七—二七九、一九七五・四・一四）

知恵の王であられる神様が対象である人間を造っておかれたのですが、問題が生じたのです。人間を造ってみると、真なる愛や理想や幸福や平和というものの起源をいったいどこに根拠をおくのか、ということを考えざるを得なかったのです。いったいどこに根拠をおくのでしょうか。真の起源はどこでしょうか。本当の真《まこと》の愛の起源がどこであり、本当の真の理想の起源がどこであり、本当の幸福と平和の起源がどこかということ、神様御自身が設定された起源がなければならないというのです。

このような宇宙の原則を起源として創造された神様なので……。主体と対象間に平和な家庭が形成され、平和な社会、平和な国家、平和な世界が未来に展開するということを御存じの神様は、ここに真なる幸福の起源を決定的に定めざるを得なかったのです。そこには、主体が対象のため

韓国国会議員会館で開かれた「文鮮明総裁招請講演会」(2001.7.13)

に生きる道と、対象が主体のために生きる道、この二つの道しかありません。

宇宙の根本原理と真なる起源は、ここから始まるのです。「ため」に存在するところから、「ため」に存在するところにおいてのみ真なる愛が成立することができ、「ため」に存在し始めるところにおいてのみ、理想が成立することができ、「ため」に動くところにおいてのみ、平和や幸福があり得るのであって、「私のために生きなさい」というところではあり得ないというのです。このように、宇宙創造の原則的根源を「ため」に存在するというところに設定した、という事実を皆さんが記憶してくださることを願います。（七七―二九〇、一九七五・四・二五）

既成教会の牧師は、自分の信徒を愛する以上に統一教会の文《ムン》なにがしを愛することができるでしょうか。愛することができるというときには、より「ため」に生きるところにすべてのものは引かれていくようになっているのです。なぜそのようになっているのでしょうか。より「ため」に生きれば、より大きな愛があるのであり、より大きな理想があるのであり、より大きな幸福とより大きな平和があるからです。それゆえに、より大きな愛の道を求める人間は、より「ため」に生きることができるところに生命を寄与して天の国に行こうとするのです。ゆえに、その原則に従って行えば可能だというのです。これは、理論的です。理論的だというのです。（七七―三〇〇、一九七五・四・二五）

神様が主体と対象の関係を対等な立場に立ててみると、問題が生じました。神様は、知恵の王であられ、愛の王であられ、理想の王であられ、幸福の王であられ、平和の王であられるのですが、その主体であるお方が天地の原則を間違っておいてしまえば大変なことになるのです。それでは、いったいこの愛の起源、愛は貴いものですが、この愛の起源をどのような位置におくのか、理想の出発点をどこにおくのか、あるいは真なる幸福と真なる希望の出発点をどこにおくのかという問題を、知恵の王であられる神様は考えざるを得ないというのです。よく聞いてください。これは考えるべき問題なのです。

それでは、神様御自身を見てみるときに、神様は主体であられ、その主体の前に対象が立つのですが、神様御自身が対象のために生きる立場に立たれるのか、そうでなければ「私は主体なので、対象であるあなたが私のために生きなさい」と言われるのか、主体が対象のために生きる道と、対象が主体のために生きる道があるとき、この二つの道のうち、真なる愛の起源、真なる理想、真なる幸福、真なる平和の起源をどちらにおくのかという問題を、神様は考えざるを得ないのです。

理想は、どこから始まるのでしょうか。神様から始まります。それゆえに、「ため」に生きて投入するところにおいてのみ、理想が顕現するのであり、真なる愛が形成されるのであり、真なる幸福、真なる平和が形成されるということは、私たちが日常生活においてよく知っているところです。もし神様が、「おいおい、対象よ。あなたは私のために生きなさい」と言う立場に立てば、神様になることはできません。そのような思想を立ててすべてが「ため」に生きなさいという立場に立てば、すべて分かれてしまうのです。それゆえに、知恵の王であられる神様は、先ほどお話ししたこの理想的要件を成立させることができる起源をどこにおかれたのかというと、「ため」に生きるという原則におかれたのです。主体が対象のために存在するという原則におかざるを得なかったという、この明確な事実を皆さんが記憶してくださることを願います。

このような宇宙創造の理想的起源、愛的起源を、「ため」に存在するという原則に立てるところにおいてのみ真なる愛を発見することができるのです。なぜですか。神様が原則の存在だからです。そこにおいてのみ、真なる理想を発見することができるのです。なぜですか。神様は「ため」に生きられる方だからです。幸福もそこにおいてのみ、平和もそこにおいてのみ、真なる自由もそこにおいてのみ見いだすことができるというのです。「ため」に存在するというこの原則が、先ほどお話しした真なる愛と、真なる理想と、真なる平和と、真なる幸福と、真なる自由の起源になる、という事実を皆さんが記憶してくださることを願います。(七七―三二八、一九七五・四・三〇)

本来、人間が堕落しなかったならば、「ため」に生きるという神様の伝統を相続して、この世界を平和の世界、地上の天国にしていたのです。それにもかかわらず、自分のために生きる、自分を自覚するところから、自分を中心とした発見路程を探索する道を訪ねてきたのが堕落だというのです。(七七―三二五、一九七五・四・三〇)

一〇〇パーセント恩恵を施したところから一一〇パーセント返ってくれば、一一〇パーセント以上を返してあげる、するとまたより多く返ってくる、このようなことが起きるのです。このようなことは、「ため」に存在するところにおいてのみ成立するのです。そのようになることによって、ここで永遠という概念が設定される、ということを私たちは全く分かりませんでした。ここで永遠という概念が生じるようになるのです。ここから永生、このような場から永遠……。それゆえに、愛や理想や幸福や平和というものは、永遠でなければなりません。また、それがここから始まるので、知恵の王であられる神様は、「ため」に存在する原則を立てざるを得なかったという事実を記憶してくださることをお願いします。（七七―三二八、一九七五・四・三〇）

神様は、知恵の王であられます。愛の王でもあり、理想の王でもあり、平和、幸福、自由のすべての王でもあり、知恵の王でもある神様が、相対となる人間をそのような対象の価値として認定されたあと、ここに問題が生じたのです。いったい真なる愛の起源をどこにおくのかということです。真なる理想の根本をどこにおくのでしょうか。真なる幸福と真なる平和をどのようなところにおくのでしょうか。その理想の根本問題の設定が、神様御自身において問題とならざるを得ないということを記憶してくださるよう願います。これは、皆さんも最も気になる問題です。

その理想的根源をどこにおくのでしょうか。その根源を明確に知ってつかめば、私も愛、幸福、理想、平和を神様と同じようにもつことができるというのです。それが問題になるので、今からそのような問題、そのような内容を話してみましょう。

「ために存在する」というこの言葉は、一つの言葉であると同時に、天地のどこでも……。これが通じるところには、理想が宿り、真なる愛が現れ、真なる幸福と真なる平和が宿るというのが、神様が御覧になるこの被造世界の存在観なのです。ですから、その存在者たちが理想を実現するところにおいて、このような原則に従っていかなければ不可能だというのです。これが宇宙創造の秘訣《ひけつ》であり公式だということを皆さんが考えるならば、偉大な発見だと思わざるを得ないのです。(七八―一一一、一九七五・五・六)

真なる宗教、愛の宗教、理想的な宗教、幸福の宗教、平和に導く宗教とは、どのような宗教でしょうか。個人のために生き、家庭のために生き、氏族のために生き、民族のために生き、国家のために生き、世界のために生き、天地のために生き、神様のために生きるこのような宗教が真なる宗教であり、理想的宗教であり、万民を平和なところに、幸福なところに導く宗教だという結論も、皆さんは知ることができるでしょう。(七八―一一七、一九七五・五・六)

最高の愛、最高の理想、最高の幸福、最高の平和の基準、隠された神様のその内心的なすべてのものを、絶対的に「ため」に存在しようとすることができる立場に立つようになるときに、無限な神様の中に隠されてきた愛を初めて所有することができるのです。そして、神様の愛を所有すること以外のことは、すべて嫌うようになるのです。そこで人間の良心は、初めて「私は永遠に安息する！」と言うのです。このような位置に出ていくことによって、私たち自体の生活圏内において、世界を越えてそのようなところが展開するのです。これが私たち人間の願うユートピア的天国です。これが地上に成し遂げられるようになる時、この世界を統一教会では「地上天国」と言うのであり、皆さんはそれを信じてくださることを願います。

このような場においてのみ、より次元の高い新しい将来、新しい希望の地上天国が顕現することを皆さんは理解して、そのような場に参席して、神様のより次元の高い愛と幸福と理想と平和を所有する皆さんになってくださることを願ってやみません。（七八―一二八、一九七五・五・六）

二億四千万のアメリカ国民が、全員自分のための愛を願えば、二億四千万の闘いが生じます。しかし、「私は、二億四千万を愛して生きる」と考えれば、闘わずして平和の世界が成し遂げられるのです。（一〇五―八〇、一九七九・九・二三）

人は、十の愛を受ければ、十をそのまま返すということはありません。十の愛を受ければ、十一、十二、それ以上に自分の精誠を尽くして投入して返すのです。それゆえに、愛を受ける人よりも、愛する人がこの世の中で平和の要件を拡大させることができる主人になる、という結論が出てくるのです。（三九―二三六、一九七一・一・一五）

負債を負う人が発展することはありません。家庭において負債を負うことを好み、世話になることを好む食口《シック》がいれば、その人は、すべて後回しにされるのです。負債を負わせようとする人は、その父親よりも多くの負債を食口に負わせるようになれば、その父母は、すべての権利をその子女に譲ってあげる、というのが人間世界の道理ではないかというのです。妻は、夫に負債を負うなというのです。夫は、妻に負債を負うなというのです。お互いが負債を負わせようとする家庭から、永遠の平和の世界が訪れることを知らなければなりません。（八五―一三七、一九七六・三・三）

この目で負債を負うなというのです。この口、この手、この心で負債を負わず、この顔で負債を負うなというのです。皆さんが皆さんの環境で負債を負わせることができる何かの道があるならば、昼夜、二十四時間、時間を超越して、体面と威信を越えて行い、それは私の義務だと思ってそこに没頭していかなければなりません。そのようになれば、その子孫は、天下を覆って余りある子孫になるのであり、彼が行くあとには、死の孤独の園が生じるのではなく、繁栄の平和の園が生じるのです。天国は、そこから展開するのです。負債を負わない場から展開するのです。（八四―一三七、一九七六・三・一）

世界統一はどこからですか。より「ため」に生きるところからです。平和の基準はどこからですか。善悪の分岐点をすべて世界の底辺の境界線に追い込むことができるところからです。それは何ですか。より「ため」に生きる思想をもって、国家的思想を越えて世界的思想に拡大し、さらには天的思想に、神様の天道、大道に連なることができ、天運と歩調を合わせることができる思想に変わるときには、世界が自動的に平和になるのです。簡単でしょう？　考えれば簡単です。（一二六―二三五、一九八三・五・一）

「ため」に生きることがその世界の平和の基準になり得るものならば、その「ため」に生きることだけでよいのでしょうか。ただ「ため」に生きるだけでよいのでしょうか。ここでは、「ため」に生きる愛を中心としなければなりません。「ため」に生きる愛を中心としなければ、その世界を収拾することはできません。（一三八―七五、一九八六・一・一九）

平和や幸福や理想という世界を追求する人たちが、まず備えなければならない姿勢、心的態度とはどのようなものでなければならないのでしょうか。理想世界のために生きることができる私自身にならなければなりません。理想世界的宇宙のために生きることのできる人、より大きなもののために生きることのできる人が、より多くの相対圏をもつことができるのです。無限に「ため」に生きることができる心をもった方ならば、無限な相対の世界に対する所有圏を拡大させることできる可能性があると思うのです。（一三八―七七、一九八六・一・一九）

真《まこと》の人をどこに行って探し出すことができるのですか。国を越えて世界が「ため」に生きることができる真の人、世界を越えて宇宙がために生きることができる真の人、もし神様がいらっしゃるとすれば、神様が真の人として信じることができる人のことです。これが可能でなければ、平和の起源を見いだすことはできません。（一四三―二六六、一九八六・三・二〇）

世界平和、統一の世界が他の所にあるのではありません。皆さんの体の中にあるのです。皆さんの体が心のために生き、心が体のために生きることができるこのような愛を見いださなければなりません。そこから本質的愛が私に宿るのです。男性は女性のために生まれたので、女性を自分の生命以上に愛さなければなりません。女性も同じです。それが理想世界です。

「ため」に生きる愛の道においてのみ、神様に出会い、真なる男性と真なる女性に出会うことができ、真なる家庭と真なる息子、娘、真なる父母、真なる氏族、真なる民族、真なる国、真なる世界、真なる天地が成し遂げられざるを得ないという事実、これが統一の原則です。これが平和の原則です。これがなくては、いくら偉大だという人がいたとしても、すべて過ぎ去ってしまうのです。（一四四―一六七、一九八六・四・一二）

世界の人々がアメリカと一つになると思いますか。なりません。すべてアメリカをけ飛ばしてしまうのです。アメリカが世界のために自分を犠牲にして投入して投入すれば、自然に一つになるのです。簡単です。世界平和の問題は、簡単なのです。今後、どのような主義が世界を支配するのでしょうか。全体のために生きる主義が世界を支配するのです。ドイツに行くというとき、ドイツを滅ぼそうとするから反対するのであって、ドイツの利益になるのならば誰が反対しますか。アメリカも、レバレンド・ムーンに接してみると、アメリカの損害にならないので歓迎するのです。同じことです。（一九五―一八四、一九八九・一二・一〇）

独裁者とは何でしょうか。すべての人々に、「自分だけのために生きなさい」と言う人を独裁者というのです。独裁者の反対は何ですか。「平和主義者」という言葉しかつけるものがありません。犠牲奉仕主義者です！　大概は平和主義者だというのです。では、平和主義者とはどのような人ですか。十人いれば、十人全員によくしてあげる人です。「よくしなさい」と言うのではなく、よくしてあげようとする人です。そのような類の人が、先ほどお話しした善良な人に近い人です。（一七二―一五一、一九八八・一・一〇）

平和の王国、理想の王国は、困難を被りながらも「ため」に生きるときに成し遂げられるので

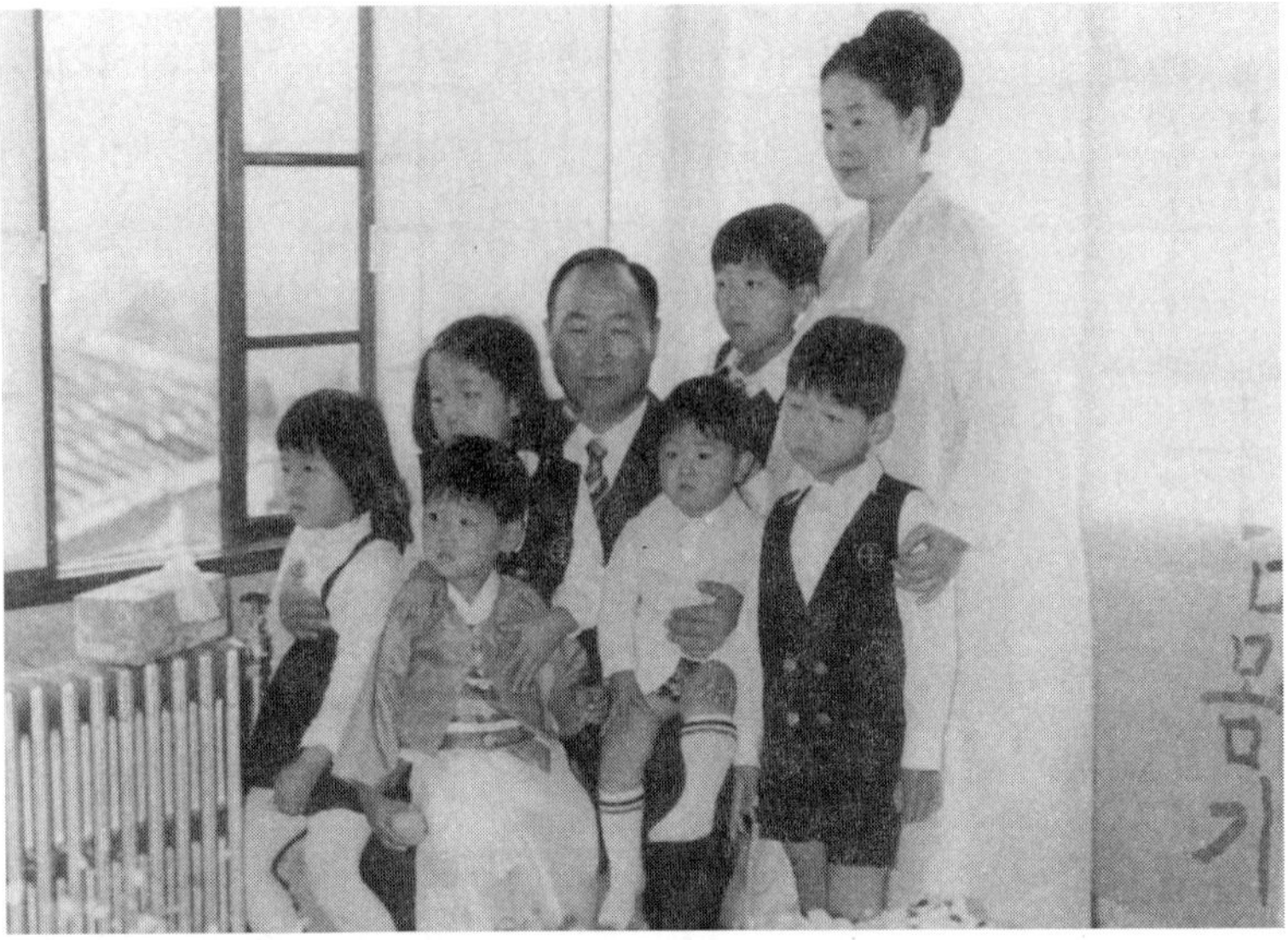

ソウルの青坡洞にある前本部教会で、お子様たちと団らんのひとときをもたれる文鮮明先生御夫妻

す。おばあさんも「ため」に生きようとし、お父さん、お母さん、夫、新郎、息子、娘、お互いが「ため」に生きるようになるとき、その家は、天に昇っていくのです。「ために生きなさい」と言うところでは、「家和万事成《いえわしてばんじなる》」はありません。「家和万事成」は、お互いが「ため」に生きようとするところで展開するのです。これは、最も近い真理であると同時に簡単な真理です。

自分の息子、娘のために生きるのも良いです。しかし、自分の息子、娘のために生きる前に、より大きな国のために生きなければなりません。世界のために生き、天のため生き、より大きなもののために生き、順理の道に従っていかなければなりません。レバレンド・ムーンは、そのように天地のために生きてみると、妻の家族から反対されました。その一族から離婚させられた人です。子女からも反対された人です。つらく無念でしたが、それで「敗者」という名称がつくのではありません。妻の反対が歴史を新しい道に導き得る伝統となったのであり、子女の反対がレバレンド・ムーンの道において、後代にそのような子女が出てくることを防ぐ教材になったという驚くべきことを私は知っています。ここから永遠の平和の基地ができるということは、理論的に妥当だというのです。（一七一―八七、一九八七・一二・六）

自分を絶対的に主張するところでは、良いものは絶対に生じません。ですから、独裁者は、不幸に始まり不幸で終わるのです。その独裁者が、自分の環境をつくるためにどれほど人を犠牲にしましたか。そのように相対を犠牲にさせて自分を立てようとするのは、誰であっても、どのような人でも、すべて好まないというのです。そのようにしてもよいのならば、そこには、絶対に平和の世界や統一の世界というものを成し遂げることはできません。それは、理想的な基台になり得ないのです。（六二―一〇二、一九七二・一〇・八）

み旨が願う平和の世界、幸福の世界、理想の世界になるためには、「ために生きなさい」と言う主義では絶対に不可能だというのです。「ため」に生きようとする主義でなければなりません。なぜならば、神様がそうだからです。神様がそのような主体としていらっしゃるので、その主体であられる神様は、そのような人を保護されるのです。ですから、神様のように発展、永遠であることができるのです。（二七七―一六一、一九九六・四・一五）

「ため」に生きる人は責任者になるのです。それゆえに、世界のために生きて投入し、より大きなものに投入し続けてみると、全世界がレバレンド・ムーンを敬うのです。「私のために生きなさい」と言うのではありません。「私のために生きなさい」と言えば、おじいさんもなく、父母もなく、平和もなく、お金もありません。夫婦がけんかすれば、自分の父のために生き、自分の息子のために生きる母親ならば、全員が泣きながら母親に抱きつくのです。「ため」に生きることができるところには相対が決定しますが、「ために生きなさい」と言う愛を中心とすれば破《は》綻《たん》が起きるのです。「ために生きなさい」と言う愛を中心としては破綻が起きるというのです。夫婦でけんかして愛し合いたいですか。夜も昼も、「ため」に生きる心をもつとき、足でけ飛ばしたり、たたいたりしても自由があります。「ため」に生きるところにおいて、それが反対になれば、自由が奪われ、すべてのことを破壊し、すべての平和、愛がなくなってしまいます。（二七六―二四二、一九九六・二・二四）

キリスト教や他のある宗教が、いくら神霊的で、いくら一時代に世界的な事件を起こして主導的な役割をしたとしても、その価値が社会全体において、一つの目的、平和の方向と一致し得る内容が多いというときには天運が保護し、神様がいらっしゃるとすれば、神様がこれを保護、育成していかれるのです。しかし、いくら優秀で、いくら立派だとしても、これが一つの目的方向に反するときには、天は制裁を加え、除去運動をするようになるのです。

いくら立派な聖人、立派な大統領がいるとしても、彼らが国家と世界の中心になって、アジア全体が行くことができる方向を探し出し、アジアの動きを中心として、国家を中心として成そうとするときには押してあげますが、それが国家の方向に反し、アジアの方向、世界の方向に反すれば、天運の力、宇宙の力が制裁を加えるのです。興亡盛衰の曲折が起きるのは、自分を中心として統一しようとするのか、平和の世界全体を中心として統一しようとするのか、ということにかかっています。この二つの間で興亡盛衰が展開するのです。（二二四—一九九、一九九一・一一・二四）

自分の息子、娘を王子のように、王女のように育てなければなりません。そして、王のように、王妃のように父母によく侍らなければなりません。また大王の母親を何といいますか。大王大妃というのですが、王妃よりももっとよく侍らなければならないというのです。天の国の家庭法がそのようになっています。そこに闘いがあり得ますか。命令一下に一瀉《いっしゃ》千里です。その家庭全体の背景の根本思想は、「ため」に存在するというものです。そうでなければ、平和は訪れることができないというのです。この文総裁《ムン》の教えは、永遠の真理として万民がここに身を投じざるを得ません。体を投じて、僕《しもべ》になったとしてもしがみついていようとするのです。今までは、「私のために生きなさい」と言っていたでしょう? これを何によって一八〇度ひっくり返すのですか。先生が教育しなければならないのです。根本から、根がそのようになっているというのです。

(二一八—二六一、一九九一・八・一九)

朝鮮民族は、「朝鮮民族第一主義」という意識をもってはいけないのです。アジアのすべての民族を中心として、一つになる運動をしなければなりません。アジアという三十億の人類が暮らしているこの巨大な基盤を前にして、平和や平準や平等という次元で考えるとき、共に豊かに暮らさなければならないという立場に立つためには、アジアのために自分の民族を投入しなければならないというそのような論理が成立するのです。そして、アジアは、世界という舞台のために投入しなければならないのです。(二一三—七〇、一九九一・一・一四)

平和は、相対的な概念から出てくる言葉です。幸福もそうです。一人では幸福になることはできません。このように考えるとき、この宇宙全体は、自分を中心として一つになるところから幸福が出てくるのであり、平和や私たちの理想的なすべての要件も、私が一つになるところから因

縁が結ばれるのであり、出発するのです。（二〇八―二三一、一九九〇・一一・二〇）

人の力では、人間世界において平和の紐帯《ちゅうたい》を結ぶことはできません。なぜですか。お互いがより良くなろうとするのです。お互いが利用しようとするというのです。すべて自分の利益を追求し、自分を中心として良いものを縛りつけようとします。ここに来られた皆さんはそうではないですか。国会議員や地方有志、学校教師、学生等、みな自分を中心としてヘゲモニー（主動的地位）争奪戦を行い、自分の利益のために闘って大騒ぎです。これが本質的な私たちの生活の基礎になっているというのです。自分だけのために生きる環境でつくられた世の中では、闘争が継続するのです。（二〇〇―七八、一九九〇・二・二四）

この目が自分のために生きようとして生じましたか。相対のために生じたのです。口が自分のために生じたのですか。相対のために生じたのです。この耳が自分のために生じたのですか。聞いてあげようとして生じたのです。鼻が自分のために生じたのですか。手は自分のために生じたのではありません。「ため」に生きようとして生じたのです。平和はそこから始まるのです。（二一〇―二五三、一九九〇・一二・二五）

三　平和と愛の哲学

宇宙の根本において、何が先でしょうか。生命が先でしょうか、愛が先でしょうか。このように考えるとき、それを突き詰めていけば、生命が先になることはできません。神様は、生命の源泉ですが、生命の源泉であられる神様が存続されるところは、どのような基盤の上で生きることを願われるのでしょうか。神様は、平和の基盤の上で生きることを願われるのです。それでは平和の基盤の設定は何がするのでしょうか。生命がするのでしょうか、他の何かがするのでしょうか。それは、生命がするのではありません。主体と対象が高低を超越して、共通的価値を認定することができる秩序的段階を超越したその何かです。それは何でしょうか。真なる愛です。（一七三―八四、一九八八・二・七）

宇宙の理想的核とは何かというと、愛です。平和の核です。宗教的に見れば、キリスト教では愛を主張し、仏教では慈悲を主張するでしょう？　儒教でいえば、仁義礼智、仁を主張します。

「仁」という字は、二人を意味します。それは、おのずから愛を意味するのです。天も二人です。（一六四―一五三、一九八七・五・一〇）

愛がない所には平和もありません。愛がない所には幸福もありません。愛がない所には喜びもありません。このような立場に立つので、神様は愛だというのです。宇宙の中心となる位置は愛を通して成し遂げられ、中心がなければ存在はあり得ないので、すべての存在を表象する神様は愛だ、そして人間は愛だという言葉に代えても過言ではないというのです。（七六―四七、一九七五・一・二六）

愛の相対者を見ながら笑って暮らす人は、年を取らないというのです。この愛の力こそが宇宙を春の愛の花園にするのです。したがって、超民族的神様を中心とした新しい平和の春の天国に向かって出発する時が遠くないというのです。（八六―三三〇、一九七六・四・一八）

愛の核的な存在が神様です。人間がこの神様に似た相対的存在となるためには、神様の素性《そせい》に対応し得る素性をもたなければなりません。それゆえに、人の心は、神様の核的な内容と同様の性稟《せいひん》に代わり得る素性をもたなければなりません。その根はどこでしょうか。愛の本質に根をおいているのです。その愛から平和が出て、その愛から幸福が出て、その愛から喜びが出てくるのです。お金から出てくるのではありません。(三五―五七、一九七〇・一〇・三)

理想の世界は、創造の目的が実現されなければならない世界であり、神様に似なければならない世界なので、人間は、常に愛に満ち、調和し、平和な生活を願っているのであり、いつも新しいものを創造しながら環境を改善していくことを願っているのです。創造は、単に製造だけを意味するのではなく、創意的な活動全体を意味するのであり、常に新しいものを創案し、計画し、改善し、生産するなどの活動すべてを意味するのです。

今日まで人間は、輝かしい科学的発展を成し遂げることによって、創造的生活面においては神様に似たということができますが、そのために悲しみと苦痛と不幸が継続しています。愛は調和なので、愛がないところに調和はあり得ず、調和がないところに平和や幸福はあり得ないので、ここで数々の悲惨な光景が展開するようになるのです。(六五―二五九、一九七二・一一・二六)

愛には上下がありません。ですから、その愛の主管圏内に存在するようになるときには、いくら端にいたとしても全体を所有し得る権限があるのです。愛の世界には差別がないというのです。いつでも無限の平和と無限の平等と無限の公的な価値をもっているので、大きい小さいということや上下は問題にならないのです。

それは、永遠に連結されるのであり、永遠に授け受けするものなので、その基準から一つだけが立ち上がっても、そこには全体が統合されないものがなく、応じないものがありません。ですから、そのような基準に立脚した愛を中心とした勝利的主管者の立場にまで行かなければなりません。今まで、人間がそのような立場を取り戻すことができなかったので、私たちがそのような立場を取り戻そうとしているのです。（一四―二四九、一九六五・一・一）

父母と子女の関係においても同じ道理です。赤ん坊は、母親のお乳をかき分けて食らいつくのですが、愛を抜きにしてそのようにすることができますか。できないというのです。しかし、赤ん坊に父母の愛を感じさせ、赤ん坊を抱くことによって自分が幸福だということよりも、天地がすべて平和の境地に入っていくことを感じ、全体の雰囲気に良いものが芽生えることを感じるようになるときには、その赤ん坊がいくら自分の胸に食らいついたとしても、それを許し、「早くしなさい。早くしなさい」と言うことができる雅量をもった心が生じるのです。それゆえに、父母は、子女を無限に愛することができるのです。（四九―五〇、一九七一・一〇・三）

愛は、作用すればするほど大きくなっていくのです。自然の力では、その戦法はありません。

これは、この愛の力も一種の自然の力ですが、これは立体的な力であり、増進的な作用なのです。これは、人にだけ適用されるのです。動物にはありません。これがあるがゆえに万物の霊長であり、これがあるがゆえに宇宙と関係を結ぶことができるのであり、これがあるがゆえに平和の王国を夢見ることができるのです。（三九—三三四、一九七一・一・一六）

一人だけがうまくやったからといって平和は来ません。男性と女性の力が一つになって回っていかなければならないのです。回っていくときには、中央に向かって突進しなければなりません。中央に向かって突進する力は、愛の力です。相対が現れれば、愛そうという心が生じるのです。（一九—三〇五、一九六八・三・一〇）

一時的な目的を中心とした統一は、誰も願いません。統一されたとしても、永遠であることを願うのです。それでは、永遠を中心として一つになり得る、その要素とは何でしょうか。愛だというのです。愛は、統一の基盤です。それは、永遠に追求していくことができる幸福の基台となるのです。愛がなければ幸福はありません。愛がなければ平和はありません。愛がなければすべてのことが相克となり、愛が充満するようになるときには、すべてのものが和合するようになるのです。（五〇—一一三、一九七一・一一・六）

暖かい春の日にお子様を抱かれて記念撮影される文鮮明先生御夫妻

神様も私たち人間と同じです。神様が人間を愛する心があるとするならば、孤独で苦痛な立場で愛したくないと思われるのは当然のことです。自由で平和が宿り、万有の存在がその愛を栄光と共に賛美し得る立場で愛の道を訪ねていきたいと思うのは、私たち人間の生涯から推し量ってみるときに、間違いない事実だと結論づけることができるのです。

神様が愛することのできる人がいるとすれば、自由な環境、平和な天国の本源地において愛することを願われるのです。愛するのですが、どのような愛を成そうとされるのでしょか。最高の愛を成したいと思われるのではないですか。その最高の愛、その愛が成し遂げられたとすれば、天地がその愛の前に頭を下げます。そのような最高の愛を成し遂げたいと思われるのではないでしょうか。（五一―三一五、一九七一・

（二一・五）

もし、神様を占領したとしても、神様の愛を占領することができないときには、神様の愛を占領した人に神様を渡してあげなければならないというのです。皆さん、平和や幸福や理想というものが、愛を抜きにしてあり得るでしょうか。神様が一つの表象として願われる最高の場であり、私たち人間が到達し得る一つの最高の場ではないかというとき、それは、一つしかない愛の場であることは言うまでもありません。（五三—一〇八、一九七二・二・一二）

私たちが共通の標準を収拾して立てるとすれば、「一言《いちげん》以《もっ》て之《これ》を蔽《おお》う」（注：ひと言でまとめる）ならば、愛以外にはあり得ません。それでは、その共通的内容の標準を何によって立てるのでしょうか。「神様の権能によって立てましょう！」と言って立てるならばどうなるでしょうか。そこには、共通と同時に同等権がありません。力で、「私の言うとおりにしなさい」と言えば、「はい」と言うかもしれません。しかし、お互いが喜び、相対的で平等な内容がありません。これを思うとき、なんだかんだと言っても、理想的で、共通的で、平和的な内容を提示し得る要件というものは、愛以外にはないというのです。（八三—一五七、一九七六・二・八）

今、自由世界で最も難しい問題とは何かというと、愛の秩序問題です。男性と女性が出会うのが愛です。そのような愛は、歴史過程もなく、未来観もなく、方向もない愛です。これは、自分勝手なものだというのです。そのような愛では、自由の原則と統一の原則、平和の原則になり得ないのです。

お互いに愛する人が、きょうは好きなのに、あすには別れるのですから、どうして平和があり、どうして統一があり、どうして自由があるのかというのです。そこに自由がありますか。そこに幸福がありますか。そこに平和がありますか。そこに統一がありますか。すべてが反対です。そのような愛は、破壊ばかりを招き入れるのです。破壊の動機であり、受け入れることができない内容だというのです。その愛は、反対にサタンが利用してこの人類を破壊させ、人類の理想を破壊させるための一つの戦略的な武器だ、ということを皆さんは知らなければなりません。私たちから真の平和を奪っていき、私たちから真の自由を奪っていき、私たちから真の統一を奪っていく怨讐《おんしゅう》の戦略的な方法だ、ということを私たちは知らなければなりません。

このような公式的な歴史観から推察してみるとき、アメリカもそのような愛を是正せず、悔い改めなければ、滅びるようになるのです。間違いなく滅びるというのです。アメリカにこのような愛の秩序が立たなければ、自由があるとは言えません。平和があるとも言えません。統一の可能性があるとも言えません。混乱と破綻《はたん》と暗黒が渦巻いているという事実を私たちは知らなければ

ばなりません。(二〇四―一四〇、一九七九・四・二九)

この地上に生きている数多くの人々は、理想世界が来ることを漠然と願っています。その理想世界は、いったいどのような所なのでしょうか。「自由と平和がある所だ。ゆえに、人類が一つになって暮らす所だ」と言うのです。このように漠然としています。ところが、私たち統一教会では漠然としていません。具体的な内容を提示しているのです。平和、自由、統一の世界だというのですが、その順序が、どれが先で、どれがあとなのかというのです。ある人は「自由だ」と言い、ある人は「平和だ」と言うのです。

「平和がないのに統一があり得るのか」と言い、また「自由がなければ統一が展開することはできず、自由がなければ平和はあり得ない」とお互いに入れ換えて言っています。それはすべて良いというのです。しかし、私たち統一教会が提示しているのは、このようなものを備えた内容ではありますが、そこにおいて最も先になるものは何かというと愛なのです。「愛」という名詞が中心になるということを提示しているのです。この愛を中心とした自由、それは通じるということです。どこでもそれは歓迎されます。また、愛を中心とした平和は、どこに行っても歓迎されるのです。愛を中心とした統一も、いつでも歓迎を受けることができるというのです。

それがなくては、秩序を立てることはできません。自由の観念も、民主世界の自由観念と共産世界の自由観念は異なるというのです。また、彼らが思う平和も異なるのです。彼らが思う統一も異なるのです。しかし、いくらその内容が異なるとしても、そこに愛を結べば、それが和合することができ、一つの形態として現れることができる、というのは言うまでもありません。なぜそうなのかというのです。共産世界の人が要求するのも愛であり、民主世界の人が要求するのも愛です。それが本質的に異なることはないというのです。その愛は、どのような愛でしょうか。原因と結果を連結させることができる愛です。それはどういうことかというと、昔でも今でも、永遠に変化がないということです。（一〇四―一三九、一九七九・四・二九）

皆さんは、なぜ愛が貴いのかを知らなければなりません。ここには、連帯的な責任があり、連帯的な関係があるというのです。世界を一つにするのも、偉大な力や偉大な知識ではできないのです。愛でしなければなりません。自らを犠牲にしてでもすべての責任を完遂しよう、というところから世界平和が成し遂げられるのです。力で統一させたものは、力がなくなったときには分かれてしまいますが、犠牲によって統一されたものは、力がなくなっても分かれないというのです。（九七―一六二、一九七八・三・一二）

サタン世界の愛は、蹂躙《じゅうりん》する愛であり、破壊する愛であり、すべてのものを無視する愛です。

しかし、天の世界の愛は、建設的な愛であり、理想的な愛であり、すべての生命が躍動する平和的な愛なのです。反対だというのです。また、サタン世界の愛は瞬間の愛です。しかし、神様の愛は永遠の愛です。そのような思潮が世界的に衝突し交差する運動が展開すれば、一つは地上地獄の世界であり、一つは天上理想の世界に分かれるのです。(九一―一九九、一九七七・二・一三)

愛の秩序、この愛の秩序を立てることができない限り、問題が大きくなるのです。いくら健康で、いくら力があり、いくら能力があるとしても、愛に対して打撃を受ければ、すべて無力な者になってしまうのです。絶望者となり、落胆者になってしまうというのです。それが無秩序では、平和はあり得ず、幸福の家庭はあり得ません。(一一八―二九五、一九八二・六・二〇)

愛の心情の前に感化され、自然屈服しなければ、平和の基地が形成できないというのです。それゆえに、打たれて奪ってくるのです。天の作戦は、打たれて奪ってくる作戦です。涙を流し、血を流し、包帯を巻いて傷をなでながら神様の前に感謝することができる道を築いてきたのが、善なる立場に立った復帰の路程だったという事実を私たちは知っています。それが公式です。(一一四―九三、一九八一・五・一七)

真なる平等は、愛なくしてはできません。幸福も、自由も同様であり、愛なくしてはできません。平等と平和があってこそ自由が存在します。世の中で自由であることを願うところにも、一人では絶対にできないのであり、その誰かを中心として、主体と対象の関係において自由を求めなければなりません。しかし、その主体と対象がいくら自由を誇り、踊りを踊ったとしても、彼らが悪なる圏内で動くときには、自由と幸福は求めることができないのです。それは、滅びる、破綻《はたん》する自由です。

自由を保障し得る絶対的権限内には、平和で幸福な自由があるのであり、保障し得ないところには、自由がないのです。例を挙げれば、愛する父母がいて、愛する兄弟がいるとき、公認を受けるところでは、環境からの侵犯を防いでくれるので、永遠の自由が成されるのですが、怨讐《おんしゅう》に囲まれた環境では、自由が保障されません。結局、自由は環境が問題になるのです。

私たちは、神様が永遠不変であられる唯一の主体であることを知りました。その方に平等、平和、幸福、永遠の自由があるのです。愛がない世界では、いかなる平和も自由も保障できません。なぜならば、意識自体が変わってしまうからです。（六五―一九〇、一九七三・一二）

絶対的愛を中心とした心情、統一教会で言う固有名詞である「心情」を中心とした思想統一だけが、平和の天国と平和の王国を建設することができるのです。人間が願うユートピア的地上天

国を完成させることができるというのです。（一〇九―一三三、一九八〇・一一・一）

私たちはどこに向かっているのでしょうか。理想世界に向かっているのです。また、平和世界、統一世界に向かっています。理想や統一や平和、これらは何でしょうか。それは、一つの世界だということです。その一つの世界の中心は何でしょうか。このすべてのものに、愛が中心となっていなければならないというのです。

共産世界が平和の世界ですか。民主世界が平和の世界ですか。いくら組織が統一されたとしても、愛がなければ、それは統一世界になることはできないというのです。愛がなければなりません。（一二四―一二五、一九八三・一・一六）

皆さんが創造の偉業を相続すれば、真《まこと》の愛の権限をもつのです。創造の偉業を相続することによって、強い真の愛を相続することができる権限が生じるのです。真の愛ならば、できないことがなく、成されないことがありません。怨讐《おんしゅう》も愛することができるのです。真の愛の力は、闘いや強制ではなく、自然屈服させるのです。これ以上に強い力はないというのです。これ以上の理想的な基準はなく、これ以上の平和の基準はありません。

それでは女性たち、澄まし屋の女性たちは、何に完全に屈服したいと思いますか。トゥルーマン（真の男性）もトゥルーラブ（真の愛）も同じです。トゥルーマン、トゥルーラブしかありません。真の愛には不可能はありません。かじりついてもすべて消化してしまうのです。すべてが歓迎します。飾りでもそのようなものを一つつくっておかなければ、仮のものでもそのようなものを一つつくっておかなければ、世界が「平和の世界だ」とは言うこともできないのではないかというのです。（一二四―九四、一九八三・一・三〇）

平等権をどのようにして主張するのでしょうか。力で、外的に、そうでなければ情的にですか。愛です。愛をもてば、男性と対等になることができ、愛をもてば、いくら息子が大統領だとしても、その息子と母親は対等になることができるのです。愛をもったところには、すべてのものが平等になることのできる内容があるという事実を知らなければなりません。そのような意味で、愛を中心に平和の家庭を願う男性と女性に、平等となる中心の核があるという事実を私たちは知らなければなりません。

男性は、外に出ていっていくら歩き回っても、家に帰るときには、「私は愛する妻の家に帰る。愛する妻の懐に帰る」と思うのです。また、妻は、いくら座っていても、「愛する夫よ、私の懐に入ってきてください」と思うのです。それが平和であり、それが平等です。ここで一つになるのです。夫は、妻の懐に帰ることを願うのであり、妻は、夫が懐に帰ってきて一つになることを願うのです。ここには、低いものもなく、高いものもありません。それこそ、イコールを体験するのです。他のところにイコーリティー（平等）がありますか。どこか他のところにイコーリティーがあるか調べてみなさいというのです。

男女の平等権は、平和な家庭においてのみ形成されるということを知らなければなりません。

（一二九―四九、一九八三・一〇・一）

歴史的に人類は、平和を念願してきましたが、この地には、依然として戦争が存続しています。不幸にも、強大国や権力者たちは、時々「平和」という言葉を誤用してきました。彼らは、平和をうんぬんと言いながら、実際には、内面的にあるいは外面的に、人々を平和でないものによって苦しめてきました。特に共産主義者たちは、挑発に没頭しながら、平和という言葉を口癖のように遣ってきました。このように、平和という言葉は、ただ不義を実現する手段として利用されてきたのです。

真なる平和は、知識や富、そして社会的地位や政治的権力のような外的な条件にかかっているのではありません。世の中では、世界的関心事を公平に判断する絶対的基準がないので、変化する世界の中で衝突する利害関係に縛られて、真なる平和が不可能なのです。真の平和は、ただ「真《まこと》の愛」の基盤の上に立て得るのであり、愛の関係は、人類を一つに結ぶ神様を中心とした絶

対価値を理解するときにこそ、体験し得るのです。（一三〇―一〇、一九八三・一二・一八）

真なる愛をセンターとして主張する自由は、永遠の自由であり、その真の愛を中心として始まる平和は、永遠の平和であり、幸福も、そのような幸福は永遠の幸福であり、それを中心として全体が統一されれば、それが永遠の統一になるという結論が出てくるのです。そのようになれば、永遠の平和が永遠の社会と世界にまで連結されるというのです。（一三〇―一四六、一九八四・一・八）

黒人と白人が神様の懐で一緒にいるときは、自分たちで一つになるまいとしても一つになるのです。お互いに同化するのです。そのような人類、そのような国、そのような家庭がどれほど平和で、どれほど幸福な理想型だろうかというのです。なぜ、どうしてそうなのでしょうか。すべてが神様に似たのです。

すべての人は、愛の中で世界の人と暮らしたいと思うのです。真の愛と共に暮らしたいと思うのです。これが正道です。これは、誰も変えることはできません。永遠です。いくら困難でも、この道を選ぶようになるのです。この道だけが平和の道であり、天国に至る道です。他の所には道がありません。唯一の道です。（一四九―三〇六、一九八六・一二・一四）

2001年1月27日、米国・ニューヨークにある国連本部では、135カ国の代表200組余りの新婚夫婦たちが参加する中で、世界平和ブレッシングが挙行された

「笑うおじいさんの顔には詩情が宿っている」、「泣くおじいさんの顔には詩情が宿っている」、どちらが正しいですか。笑いが行く道には平和の国が展開し、笑いがよく行く所には平和の天国が展開されますが、笑いが続かない日には、平和の天国が地獄に化けてしまうというのです。それはどういうことかというと、愛の正道に従っていけば、天上でも地上でも天国が展開し、愛がしっぽを振って行ってしまえば、天上世界にも地上世界にも、悲運の歴史が、悲運の天地が展開するのです。（一三九―一七、一九八六・一・二六）

宗教は、世界的なものを指向します。人類というものを表題として、その基盤の上に平和の基礎を築いておこうというのです。しかし、世界平和は、人間だけを中心とした平和ではありません。神様がお

喜びになることができるものでなければなりません。神様が願われる平和の基準と人間が願う平和の基準が一致する場です。何を中心として一致するのかということが重要です。

人間の世の中が、愛を母体として愛の文化圏と愛の世界観をつくったのなら、その世界は、今日の弁証法を主張する共産主義者たち、彼らが言う「血を流す解放」という言葉はあり得ません。人だけを中心とした民主主義というものは、すべて怪《あや》しげなものです。

球形は、前後を分別できない反面、中心が明確です。球形は丸いのですが、中心が明確なのです。すべての作用は、この中心を通さなければなりません。ここに関係を結ばなければなりません。これが何の中心でしょうか。絶対的な愛の中心でなければなりません。ですから、ここには、平和の起源があり、幸福の起源があり、全体の完成の起源があると思うのです。（一三九―六一、一九八六・一・二六）

人間が最も必要とするものは何でしょうか。神様が最も必要とされるものを人間も必要とするのです。それゆえに、人間世界がそれを成し遂げることができない限り、完全な幸福の基準は見いだすことはできません。愛を抜きにして、どうして幸福があるでしょうか。平和というものが、愛を抜きにしてあり得ますか。搾取して、心が異なり体が異なって幸福を見いだすことができますか。同等な位置、平等な位置に引き上げることができる力がないのに、お互いが幸福でいることができますか。何が可能でしょうか。どこでも、どのような場でも、完全な愛と相対圏を成し遂げるときには、対等な価値圏を付与される特権があるのです。ですから、神様の愛と完全に対等な関係を結んだならば、主体がもったすべての所有権は、私のものになるのです。それは、驚くべき事実です。（二四一―一〇八、一九八六・二・一九）

なぜ愛が必要なのでしょうか。神様の愛を迎え入れず、神様の愛と因縁を結ぶことができなければ、天国に入っていくことはできません。あの国に行くことができないのです。それで、愛が貴いので愛を立てようとするのですが、「ため」に生きる愛を行わなければなりません。創造の原則も、神様と共になしたので、「ため」に生きる愛は、与えて忘れ、また与えて忘れなさいというのです。そのようにすることができる夫婦、そのようにすることができる国、主権者とお互いに「ため」に生きることができる人、世界がお互いに「ため」に生きることができる一つの兄弟にならなければなりません。神様を中心として、過去の人、現在の人、未来の人がお互いに与えて「ため」に生きることができる愛こそが、この世界を平和の境地に導くことができるのです。（一四三―二八三、一九八六・三・二〇）

愛して何をしようというのですか。女性も男性も、神様の愛を受けたのちには、宇宙の相続権を受け継ぐことができるということは驚くべき事実です。皆さん、それが願いでしょう？　天地の主人になるのです。レバレンド・ムーンは、悲惨な生涯を経てきましたが、そのことを知っていたのです。世界の人がレバレンド・ムーンを見て、「神様の愛を受けるな！」と懇切に願う環境が過ぎ去り、今から、「どうぞ、そのようにすることができる立場で、神様の愛を受け、宇宙の相続権を受けてください」と、万国が褒めたたえることができる日になれば、天下は平和の世界になるでしょう。（一四三―六六、一九八六・三・一五）

真《まこと》の愛が行く道は、ただいい加減に行く道でしょうか、ある一定の変わらない一つの法度を通して行く道でしょうか。それが適当に自分勝手になっているでしょうか、ある秩序と方向性と目的性をもっているでしょうか。間違いなく一つの方向性、明確な一つの方向性、過去、現在、未来において混沌《こんとん》とするのではなく、過去もそうであり、現在もそうであり、未来もそうでなければならないという方向性がなければなりません。ですから、その真の愛がある所では、一つの目的が成し遂げられ、喜びと平和が成し遂げられなければなりません。（一六一―二九三、一九八七・三・一）

人間の愛が中心をつかめば、その愛を中心として万物が和動しながら、平和の世界が出発するようになるのです。アダムとエバが神様の愛を中心としてどのようになるのでしょうか。アダムとエバの心の中に神様の愛が入っていき、その夫婦が神様の愛を中心として愛し合うことによって神様の血筋になるのです。既成教会の牧師たちは、今でも神様は聖なるお方であり、私たち被造物は汚れているとばかり考えています。それは、分からないからそのように考えるのです。

愛は一人ではできません。神様でも、一人では愛することはできません。あるおじいさんがノーベル賞をもらい、博士学位を何百個もっていたとしても、おじいさん一人では平和がありません。喜びがありません。愛らしい孫を抱いて、そこに幸福を感じるのです。ですから、男性と女性が生まれたのは愛のために生まれたのですが、なぜ男性と女性が結婚するのでしょうか。神様の愛を求めるためにするのです。神様の愛を手に入れる日には、神様と同等な立場に立つのです。（一六四―一四九、一九八七・五・一〇）

人には欲望があるので、何を最高の希望峰としてふいごで風を起こさなければならないのか、ということを考えるようになるのです。結局、「あは！　宇宙を自分のものにすることができる同等権があるのだなあ」ということを知るようになるのです。最高の圏である神様の一つしかない愛を占領しなければならない立場にいることを知っているので、人は、世の中のことはすべておいてそのために行くのです。神様の愛まで占領する日には、平和は自動的に訪れるのです。幸福も自動的に訪れます。（一六〇―一三六、一九六九・五・一七）

心情を激しくたたけば音がしますか、しませんか。いくら速く大きくたたいても音がしません。そのようになるのです。いくら怒っていた人でも、愛の中にいれば音がするでしょうか。愛の中には障壁がありません。それゆえに、愛以外には占領する秘訣《ひけつ》はありません。愛でなければ、平和を建設することができないというのです。音がすれば平和はありません。音がする所は、再び破壊の因縁が台頭してくるのです。（一五八―一八一、一九六七・一二・二七）

絶対者神様も、絶対的な平和、絶対的な幸福を要求されるので、それをもたらすことができるものは何でしょうか。お金ですか。お金はいくらでもつくることができます。知識ですか。神様は、知識の大王です。権力ですか。神様は、全知全能です。それでは何でしょうか。愛です。真なる愛です。絶対的な神様も愛に絶対的に侍られるのです。（一九六―三二九、一九九〇・一・一二）

自分が一番だと思っていても、他の人が見れば一番ではありません。自分を中心としては、一番悪いものを一番だと思ってしまうのです。しかし、五色人種の前に共通分母として喜ばれるものは何かというとき、もちろん食べるものも喜び、着るものも喜び、住むものを喜ぶでしょう。しかし、それは、いつも平面的であり、恒久的なものになることはできません。自分の生涯を中心として、永遠の存在性を維持させるにおいて、何のプラスにもなれないのです。それゆえに、人間自体が永遠に存在するためには、必ず男性は女性が必要であり、女性は男性が必要だというのです。そして、愛という土台を中心とする関係を通した平和の基地を準備しなければ、そこには家庭もないのであり、民族もないのであり、世界もないのです。（一九三―一三三、一九八九・一〇・三）

万年平和の原料、麹《こうじ》のようなものが真《まこと》の愛です。女性の口に愛のイースト（酵母）さえ入れれば、これが大きくなり、「アヘンよりも良く、お酒よりも良い。ああ良い、ああ良い！」と言うのです。（一九三―三九、一九八九・八・六）

愛の主義は、二人の闘う音がしません。愛の音を出して、「私たちの生活は平和だ、私たちの生活は統一だ、私たちの生活は和合だ、私たちの生活は理想的愛で不変だ」と言うことができる、このような愛の理念を中心として、永存、永生を連結させて初めて幸福なのであって、愛が抜かれた場では、永生という概念も意味がないというのです。なぜ愛だけが可能なのでしょうか。愛でのみ統一することができます。愛の統一から理想的永生圏が展開するのです。そのようになってこそ、「あなたと共に永遠に暮らしたい」となるのです。（一九一―一二〇、一九八九・六・二五）

世界平和に寄与した功労で、世界ＮＧＯ連合から万国平和賞を受賞された文鮮明先生御夫妻（中央、2000.8.18）

終わりの日は、父母の時代です。カイン・アベルの兄弟時代は闘うのです。闘いの歴史です。これが父母の時代に変わるときには、闘いが終わります。今後、父母時代が連結されるのですが、それが正道令《チョンドリョン》（注：神様の正しいみ言《ことば》をもってこられる方という意味）の思想とも合うのです。父母時代が来るので、父母に侍る家庭にいる子女たちは、闘うことができません。そのような愛の天理を十分に知る日には、東に行っても西に行っても、闘う相手を探し出す道がありません。そこに平和の世界が来るというのです。

おじいさんの頭の上に孫が上っていっても、愛する孫を嫌いますか、好みますか。「早く上がってきなさい。早く、早く、上がってきなさい」と言うのです。愛の場においては、愛があなたと私の主人です。真なる愛に永遠に支配されない限り、幸福にはなれません。支配されると回るのです。「ああ、私は上に上がってきた、下にいると思っていたのに。ああ、東側に来た。ああ、西側に来たなあ」と言うのです。そこに平和と幸福があることを、理論的に設定することができるという結論を下したとしても、一人として反対する者はいません。（一九一―六三、一九八九・六・二四）

万民は統一の世界、万国は平和の世界を願います。その平和は、黄金を中心とした平和ではありません。それは、闘いが起きます。皆さん、西部劇を見たでしょう？ ゴールデン・ナゲット、金塊を求めていく群れは、最後には命を懸けて決闘戦を繰り広げ、二人とも川に浮かぶ死体になって毒蛇のえさになるのを見たでしょう？ 同じことです。何によって統一するのですか。統一すれば、また何によってそれを防止するのですか。防止策はありません。真《まこと》の愛によって統一するときには、永遠に防止することができます。「そこを離れなさい」と言っても、離れません。いくら、「こいつ、離れなさい！ 国境を越えなさい！」と言っても、越えていかないのです。絶対に越えていきません。（一九〇―一二五、一九八九・六・一八）

皆さんは、全員個性真理体でしょう？ 愛は、すべて共通真理体です。この思想は、愛を抜かせば何にもなりません。統一も、平和も、自由も、愛を抜かせば何もないというのです。妻と夫の自由とは何ですか。裸になることです。裸になることが解放でしょう？　また、妻と夫は、自分の一番の秘密の場所を占領してしまっても、それは自由でしょう？　愛がなければ、それは可能ですか。人間の根本を占領することはできないのです。根本の自由解放圏は愛です。（一七九―一〇一、一九八八・七・二二）

愛は、宇宙のすべての生命の源泉であり、すべての理想的な管理の源泉であり、すべての連合の源泉です。すべてのものの源泉です。愛を抜かしては、幸福や平和というものはあり得ません。（一八三―一九六、一九八八・一一・一）

人間世界で真の愛を完成すれば、政治的にも、文化的にも、環境的にも、何の問題があるでしょうか。真の愛の世界では、解決できない問題がありません。真の愛の世界は、すなわち歓喜と理想が充満した自由と平和と幸福の世界です。真の愛の同位権、同参権、相続権によって、喜びと幸福が無限であり、そして永遠に拡散する世界になるのです。今日の世界人類が抱えている難問題は、真の愛の完成によってのみ、根本的な解決が可能なのです。（二九四―六五、一九九八・六・一一）

統一と平和は、誰もが好みます。しかし、お金で統一をすることはできません。それでは、五感とすべての細胞が一つになって一つの方向に向かうようにすることができる力とは何でしょうか。そのような力は、真《まこと》の愛の力しかありません。ただ真の愛だけが統一と平和を成し遂げることができるのです。（二八八―八四、一九九七・一一・一六）

愛を抜かせば一体理想も壊れていき、愛を抜かせば平等思想も壊れていくのです。天地が和合だ、和動だ、平和だというのは、どこにも欠如したところがなく、満遍なく和したもののことではないですか。それでは、何をもって和することができると思いますか。これを考えてみるときに、愛を抜かしては何もできないということを知ることができるのです。（二〇九―一九、一九九〇・一一・二五）

神様は、絶対者的、独自的な理想論は立てることができますが、相対的理想論は、展開することができません。それゆえに、平和の理論基地はどこで見いだすのかというとき、神様の絶対独自的な立場では、不可能なのです。ここで神様が相対的理論版図を接ぎ木しなければならないのですが、そのようにし得るのは何かというと、愛だというのです。愛という論理から、愛に満ちた相対者の創造ということを中心として、その創造の対象者が自分よりも立派であることを願ったのです。これは、驚くべき事実です。（二二九―三一九、一九九二・四・一三）

平和の基準、統一の基準は、他の所にあるのではありません。南北が統一され、世界が統一されたとしても、皆さんの心と体が闘っているとすれば、それと何の関係がありますか。平和の基準、南北統一の基準は、皆さんの心と体の闘いを止めるところから始まるのです。何をもってこれを止めるのですか。国力や金力ではできません。知識力でもできません。権力でもできません。唯一真の愛です！　真の愛は、すべてのものを一つにします。その愛は、「ため」に生きる愛です。生命以上に投入しなければなりません。（二一九―六六、一九九一・八・二五）

女性のユートピア、女性の絶対的平和は、どこから見いだそうとしますか。男性のユートピアをどこで見いだすのですか。男性の幸福、男性の平和、男性の喜びをどこで見いだそうとするのですか。これは重要な問題です。

女性のユートピアは、男性を離れてはあり得ません。女性の幸福は、男性を離れてはあり得ません。女性の平和は、男性を離れてはあり得ないというのです。女性と男性の間には愛があるのでそうなのです。愛なくしてはできません。男性がいくら優秀で、女性がいくら優秀でも、相対がいなければできません。愛というものを中心として、すべてのものが決定されます。男性に出会うことによって愛を知り、女性に出会うことによって愛を手に入れるというのです。その愛がユートピアの起源であり、幸福と平和の基地になっているのです。

絶対的な存在である神様に、絶対的な愛があり、絶対的な平和と絶対的な幸福がそこにあると考えるのですが、変わる神様ならば、その神様が絶対的な幸福の基地になることができ、愛の理想基地になることができるのかというのです。もし神様が変わる基地ならば、不変の愛がそこにとどまることができますか。できません。不変の平和がそこにありますか。ありません。不変の喜びがそこにありますか。ありません。神様御自身は、絶対的で不変の標準です。一つの中心です。そこから不変の愛、不変の平和、不変の幸福、不変の喜びが連結されてくるのです。これは、重要な結論です。誰もこれを否定することはできません。これは、一つの公式であり標準です。

（二〇五―二〇二、一九九〇・九・二）

天理の大道を代表することができるのが愛です。宇宙の中心となる愛です。絶対的神様も、絶対的に服従して奉仕したいという思いをおもちになるでしょうか、おもちにならないでしょうか。神様が絶対的神様であるならば、そこにおいても王にならなければならないのではないですか。このような論理を否定することはできません。絶対位置にいらっしゃるので、また全知全能のお方なので、仕えなさいというだけでなく、仕えることにおいても大王にならなければなりません。その論理を否定すれば、それは独裁的絶対者です。そこには、平和もなく、論理的根拠も立てることができないのです。答えが出てきません。答えといえば、ただ神様が独裁的存在だという結論だけです。和合という結論、妥協という結論、自由という結論は、すべてなくなるのです。（二〇四—二九、一九九〇・六・二九）

四　絶対価値と平和

人間の意識革命を通して、人間は、すべての人類の平和な共存のために、非常に創造的で生産的な方法によって、その研究結果を用いるように導かなければなりません。人間の理想は、ただ個体目的と全体目的を完全に調和させるときにおいてのみ実現することができるのです。

人間は、その生命を意味あるものとするために、宇宙においての絶対価値の求心性を理解することができなければなりません。すべての人類が、国家や氏族を超越した兄弟姉妹であり、一つの人間家族として生きていく新しい世界秩序を確立することによって、私たちは、真なる平和と幸福の理想世界を享有することができるのです。(八一―九一、一九七五・一一・二八)

皆さんも、既に明確に御存じのように、今日の世界は、ますますより混沌《こんとん》した状態に陥っていきつつあり、これに比例して、日ごとに人類は、平和をより一層渇望しているのです。それでは、平和は、どのようにして達成するのでしょうか。今日の世界は、秩序が破壊された状態にあります。したがって、平和を成し遂げるということは、破壊された秩序の回復を意味するのです。秩序を回復しようとすれば、主体と対象は、彼らの位置を知らなければならず、相互に統一された関係を確立しなければなりません。

平和は、世界的水準においてのみ要求されるのではなく、国家、社会、そして家庭の水準においても同じように願われています。さらには、個人までも、心と体の間の平和を渇望しています。このような平和に対する多様な水準の中で、どれが最も先に成し遂げられなければならないのでしょうか。先に世界平和が成し遂げられれば、その基台の上に国家、社会、家庭、そして結局は個人の平和も成し遂げられるだろうと考えやすいのです。しかし、これは、間違った見解です。

それは、実際に平和を成し遂げるにおいて必要な順序の反対です。先に個人的な平和が成し遂げられなければなりません。その次に、家庭の平和を成し遂げることができれば、このような基盤の上においてこそ社会と国家、そして世界の平和を期待することができるのです。これは、個人が家庭の根本単位であり、家庭は社会と国家の基本単位だからです。

多くの指導者たちは、優れた組織と立派な思想を通して社会秩序と世界平和を回復することができると信じています。しかし、現実において、ただこのような二つの手段だけでは、人類の平和は、絶対に実現することはできません。国連のような国際機構と、共産主義や民主主義などのような思想体制は、彼らなりの方法で世界平和を実現しようとしてきました。しかし、平和は、

ソウルの南山で祈祷される文鮮明先生

いまだに遥遠《ようえん》であり、世界は、時間がたつほどますますより混沌《こんとん》状態に陥っていきつつあります。（一一〇―二四九、一九八〇・一一・二七）

平和に対する追求が個人の平和から出発しなければ、それは、再び失敗せざるを得ません。それでは、個人の平和は、どのようにすれば成し遂げられるのでしょうか。それは、個人が絶対愛を所有し、それを実践することによって成し遂げることができるのです。なぜならば、愛は、すべての統一の前提条件だからです。統一は、愛の基台の上で成し遂げられ、平和は統一の基台の上においてのみ達成されるのです。

相対的な愛によっては、決して統一を成し遂げることはできません。ただ絶対愛によってのみ統一は可能なのです。個人は、絶対愛によって心と体が一つになるとき、ここで平穏、喜悦、満足、甲斐《かい》などを体恤《たいじゅつ》するようになるのです。

一つの家庭において、父母と子女、夫と妻、兄弟姉妹などが各自の位置において絶対愛を実践するとき、その家庭の統一は成されます。このようになるとき、その家庭には、幸福と調和、そして何よりもまず平和に満ちあふれるのです。

したがって、このような平和の家庭が集まって形成する社会は、また平和の社会になるのです。家庭がお互いに調和を成し、お互いに助け合えば、その社会は疑う余地がなく、明るく平和になるでしょう。なぜならば、秩序が確率し、統一が成し遂げられるからです。このような平和の社会が集まって統一が成される国家は、間違いなく平和の国家になるでしょう。

国家というものは、様々な社会の単純な集合だけで成し遂げられてはいけません。それは、愛の個人と愛の家庭を基盤として成立した有機的な構成体でなければなりません。そこで完全な秩序と統一が成し遂げられなければならず、その時に国家には真なる平和が実現されるようになります。

これを言い換えれば、国家が平和を実現して維持するためには、やはり神様の愛を必ず必要とするという意味です。いくら国家の基礎となる家庭が絶対愛の中にあるとしても、有機体としての国家は、国家的な基準で絶対愛を実践することができなければなりません。その次に、政府と国民は、内的に統一体を成さなければならず、外的に隣国と絶対愛によって一つになることによって、国家間に真の平和が立てられるようになるのです。

世界の平和は言うまでもなく、すべての国の平和が成し遂げられるとき、これを基盤にしてこそ成就されるのです。各国が、貿易や交流の面で国家の利益だけを優先する国家利己主義を清算し、絶対愛をもって他国と世界に奉仕する国家になるとき、そして、各国がそのような国際的な風土を恒久的に継続するとき、人類の永遠の平和が保障されるのです。（二一〇―二五〇、一九八〇・一一・二七）

世界の平和は、個人の平和から始まり、家庭的平和を経て、社会、国家の平和に拡大されたのちに初めて樹立されるということを、明確に知ることができます。このような観点から、私は、絶対愛と絶対価値に対して言及しようと思います。真・善・美などの価値は、愛を土台として形成されます。例えば、愛の実践は、善として評価されます。すなわち愛が実践されるとき善として現れます。ですから、神様の愛である絶対愛を実践するとき、そこに絶対善が現れるようになるということは自明なことです。

平和のために、絶対愛を実践する個人の行為は、善（絶対善）です。同じように、平和のために愛を実践する家庭の行為も、やはり善です。社会や国家、世界においても同様です。言い換えれば、個人、家庭、社会、国家を問わず、真なる平和を樹立するためには、絶対価値、すなわち絶対真、絶対善、絶対美を実現しなければなりません。特に、絶対的な善の実践が切実に要求されます。そのようになれば、秩序を乱し破壊するいかなる悪の要素も介入することができないからです。

ところが、真・善・美などの精神的価値は愛を土台として成立するので、絶対愛、すなわち神様の愛を知らなくては絶対的な真・善・美は実現することはできません。このような絶対価値が実現されていないところに真なる平和はあり得ません。ゆえに、人類の真なる平和のためには、絶対愛が実践されなければなりません。しかし、絶対愛が実践されるためには、先に絶対愛に対する理解がなければなりません。（一一〇―二五二、一九八〇・一一・二七）

私は、先において、絶対愛は利他的であり、全体に奉仕する愛であり、永遠不変であると言いました。それでは、なぜ絶対愛が利他的であり、不変なのでしょうか。なぜ平和は、ただ愛を通してのみ成し遂げられるのだろうかという疑問を解かなければなりません。

このような疑問を完全に解くためには、絶対者がどのようなお方であり、そのお方が宇宙と人間を創造された動機と目的が何かということが明確にされなければなりません。創造の動機と目的は、愛の実践、平和の樹立において不可欠の標準となるからです。おおよそ、いかなる計画であっても、それが実践されようとすれば、必ず一定の目的が先に立てられるようになります。目的を立てない行為は無意味なのです。

人間が絶対者によって創造され、絶対者の愛を実践するようにつくられたとすれば、人間の創造に動機と目的があったことは明白です。その動機と目的を明らかにしようとすれば、絶対者がどのようなお方かという問題、すなわち正しい神観がまず立てられなければなりません。正しい神観が立てられることによって、そのお方の創造の動機と目的が明らかにされるのであり、したがって平和のために絶対愛を実践しなければならない理由も明白になるのです。

このように思うとき、人類の真なる平和のためには、絶対者を正しく理解することによって、そのお方の愛を実践することができるようになり、結局は、そのお方の絶対価値を実現することができなければならないという結論に到達するのです。（一一〇―二五三、一九八〇・一一・二七）

五　善と悪、そして平和

善なるものは、宇宙が保護し育成します。自由と解放と平和が宿っています。そして、そこに精誠が共にあるので、引力が生じるということを知らなければなりません。（二六―一三二、一九六六・一・二）

皆さん、良心が作用するようになるとき、恐ろしいですか、恐ろしくないですか。天下に恐れるものはありません。そこには、権勢があるというのです。善は、この宇宙が保護して育成し、自由と平和が宿っており、生命と権勢が共にあるのです。これを屈服させることができるものは、天地に何もないというのです。ここに異議がありますか。善になるときには、大統領も恐ろしくありません。どのような六法全書が作用したとしても関係がありません。いくら刑法がたくさんあっても、その法とは何の関係もないというのです。それゆえに、世の中の法は、良心の基準を通過することはできません。すなわち世の中の法は、善の権限を侵犯することはできない、とい

ベルリンの壁の前で世界大学原理研究会の会員たちが平和を念願するデモ行進を行った（1987.8.8）

う結論が出てくるのです。（一六一―一三四、一九六六・一・二）

道とは何でしょうか。心と体が相応することです。善とは何でしょうか。自分を中心として、隣人と共に相応することです。平和と平等は、すべての人類が願う共同目標です。すなわち世界は、何から出発するのでしょうか。相応相合することができる道と真理から出発しなければなりません。それゆえに、新しい真理とは何でしょうか。天と地が相応することができ、上下、高低、前後、左右を問わず、立体的な世界にとどまるいかなる存在とも相応することができる原動力と内容が備わった世界観と人生観と生活観をもつことができる主義だけが、人類世界の終末に残ることができる絶対的な真理なのです。歴史は、相応から出発したのではなく、相克から出発したので、この歴史は、破綻《はたん》と悲哀で幕を下ろさざるを得ないというのです。（一七一―一二〇、一九六六・一二・一一）

悪は制裁を受けるのです。制裁を受ければ、どのようになるでしょうか。そのようになれば、悪はなくならなければなりません。悪には、平和とは反対に不安と恐怖があるのであり、生命の代わりに死亡の権勢があるのです。（一六―一三五、一九六六・一・二）

善の基準は、愛の中心である神様です。今日、全人類が苦痛と混乱の現実を抜け出そうとこれほど身もだえし、自由と平和をこれほど渇望しているのは、人類の本心が善の基準を探し求め、愛の中心を探し求めていることを表しているのです。愛の中心を求めて地上に永遠の幸福の世界を成し遂げようとすることが、万民共通の願いであり方向なのです。（六五―二六〇、一九七二・一一・二六）

数多くの人々が善を願っているにもかかわらず、いまだにこの世界は悪の世界です。この悪の世界を善の世界にすることは、今日の人類が共通に解決しなければならない重大な問題です。これを解決する前に平和が訪れることはできません。悪を除去してしまう前には、新しい天国と新しい理念の世界を建設することはできないという事実を、私たちは否定することができません。

（一六―一〇五、一九六六・一・二）

六　自由と平和

今、この世界の人類は、平和を期待しています。さらには、自由を享受する個人となり、自由の社会、自由の国、自由の世界で生きることを、誰彼を問わず願っています。

私の心に平和がなく、私の心に自由がなければ、真なる幸福はあり得ません。真なる人生の道を歩んでいこうという人がいるとすれば、彼は、真なる平和の中で真なる自由を謳歌《おうか》し、真なる幸福を享受することを願うでしょう。

今日、優れた人も愚かな人も異口同音に、「この世界は平和の世界になっていない」と言っています。自由を叫んでいますが、心情からあふれ出て生きることができる自由な環境になっていないことを自認しています。それゆえに、私たち人間は、理念的に期待する幸福の自我になることができていないという事実を否定することはできません。

そうでありながらも幸福を期待しなければならず、そうでありながらも平和と自由を期待しなければならない、私たちの心情的動きが自分を催促しており、環境を催促しているという事実を、

皆さんは、生活圏内でよく感じていることでしょう。（七―一四、一九五九・七・五）

アメリカは、自由を叫んで滅びました。自由には原理原則があります。平和というものは、一人でいるときにはあり得ません。平和というものは、相対がある形態において完全に満たされることを意味します。そうだとすれば、自分の自由だけのために「あなたは嫌いだ」と言うのは自由ですか。違います。他のために生きることが宇宙の願う自由です。（一八七―九六、一九八九・一・六）

皆さんは平和、幸福、自由という言葉を言うのですが、自由とは何でしょうか。最近の一般の人が言う自由とは何でしょうか。「自分の思いどおりにすることが自由だ」と言うかもしれませんが、その自分の思いどおりにということがどこまで続くでしょうか。人が生きるのは百年にもならないのですが、その百年まで求めていく自由ですか。もし法がなく、思いどおりにすることが自由ならばそれは何でしょうか。

このように思うとき、すべてのものは、起源が良いものを訪ねていくのです。また自由な所を訪ねていきます。幸福なものを訪ねていきます。それが、自由が自由で、幸福は幸福で、平和は平和で、それぞれ別々の道を行くのではありません。これが歩調を合わせて行かなければなりません。平和の中に自由がなければならないのであって、自由の中に平和がなければならないので

ゴルバチョフ旧ソ連大統領（中央）と会談する文鮮明先生御夫妻（1990.4.11）

すか。考えてみてください。自由の中に平和はあり得ません。平和は、二人がお互いに和するのです。それは、お互いが譲歩するときに可能です。主体と対象が食い違っていっているのですが、欲心をもった人間が与えたいと思い、譲歩したいと思いますか。このようなすべての素性《そせい》をどのようにしなければならないでしょうか。それゆえに、自由の規定を理解しなければならない時が来ました。（一八二―一一、一九八八・一〇・一六）

統一された基盤の上に立たなくては、自由はあり得ません。心と体が闘っているのに、自由のふろしきをもち、自由にしがみついて「うれしい」と言うことができますか。自由が生じるのかというのです。とんでもないというのです。また、平和がどこにありますか。平和というものは、平坦《へいたん》な状態ですべてのものが欠如することなく充満して自由なのです。ところが、心と体が闘っているのに平和がとどまる所がありますか。幸福も同様です。幸福、幸福、良いでしょう。心と体が闘っているのに、幸福を求めることができますか。とんでもないというのです。

このようなすべての根本問題をおいて見るとき、心と体が完全に一つになる場においてのみ、自由を維持することができるということを知らなければなりません。心と体が一つになることができる場においてのみ、平和の基盤が生じるのです。心と体が一つになることができるところだけに幸福が展開するのです。夫の心と妻の心、夫の体と妻の体が一つになることができるところにおいてのみ、家庭の平和を中心として、世界に対する夢を見ることができるということを知らなければなりません。

牧師と長老が闘いながら礼拝をすれば、そこに平和が訪れると言うことができますか。そのようなところには、神様は絶対に来られません。そこは、既に悪魔の巣窟《そうくつ》となり、悪魔の網の中にいるという事実を、皆さんははっきりと知らなければなりません。(二三二―一八九、一九九二・七・六)

サタン世界の愛を中心としては自由がありません。平和がありません。幸福がありません。希望がありません。永遠の生命がありません。それを蕩滅《とうげん》復帰しなければなりません。物権、人権、愛権を復帰することによって、そこで自由が生じるのです。ですから、心と体が一つにならなければなりません。人権を還元しなさいというのです。心と体が一つに統一された基準においてのみ自由があります。

おじいさんと孫嫁が一つになれば、秘密裏に扉を開いて入っていこうと、どこに行こうと関係ありません。垣根がなくなるというのです。そのように一つになってこそ、自由があるのです。自由がなければ平和がありません。今、サタン世界にある自由をすべて還元し、平和をすべて還元して天の前に転換させなければなりません。その次にこそ、幸福、希望、永遠の生命があるのです。これをすべて還元する原則から、物権、人権、愛権を天の前に接ぎ木する、そのような本然の場に入っていってこそ、自由の理想、平和の理想、幸福の理想、永生の世界が訪れるのです。

（二二九―二五五、一九九二・四・一二）

第四章　平和実現の前提

一　神様と人間の根本問題解決と平和世界実現

今日、世界の状況を様々な面から見渡すときに、誰もが失望せざるを得ません。人類の懇切なる願いが自由と平和と安全であるにもかかわらず、世界的混乱は日ごとに悪化し、人類の将来は、もはや絶望状態に達してしまいました。世界の指導者たちの絶え間ない努力にもかかわらず、世界問題は、より一層複雑になっており、より一層難しくなっています。民主主義も共産主義も、宗教も、哲学も、世界問題解決において全く無力であることが明らかになってしまいました。それは、神様のみ旨が分からないからです。人類歴史は、神様の摂理歴史なので、今では神様の摂理のみ旨を知らなくては世界問題の解決が不可能な段階に至りました。(一三五―三四三、一九八五・一二・一六)

神様が宇宙の根本であられるならば、その根本であられる神様が悲しみを抱いていらっしゃるので、その願いを解怨《かいおん》成就できない限り、平和の世界は来ることができないのです。それは、理論的に妥当です。今、父母たちが心配していることですが、息子たちが幸せでいることができますか。今、国の大統領が死ぬほどの心配をしていますが、その国の民が平安で幸せでいることができますか。それが私たち人類社会の法度です。（八二―三〇六、一九七六・二・二）

今日、偉大な政治家、偉大な聖人がいても、地球上で青少年問題に責任を負うことができない主義や思想では、世界を一つにすることはできず、平和の世界にすることはできない、ということを知らなければなりません。それは、神様の頭の痛い問題であって、人類の頭の痛い問題です。（八七―四六、一九七六・四・二五）

世界では、多くの人間たちが生きています。今日において、この世界問題は、他人の問題ではなく、私たちの直接的な問題となる時代に入ってきたことを知っています。今、民主主義や共産世界、どの世界を問わず、一つの世界を願い、平和の世界を願うことは同じですが、その一つの世界と、平和の世界を成すためには人間だけでは不可能な時代に来たことを、私たちは感じることができるのです。

人間の力、人間の知恵、人間の文化、その何をもってしても、真の意味の平和の世界や一つの統一された世界を願うことができない時点に置かれていることを、私たちは知ることができるようになります。

このような立場で見るとき、世界問題を解決するにおいて、最も中心になる問題とは何でしょうか。神様がいるのか、いないのかという問題をはっきり解明することが、何より重要な問題だと思います。もし、神様がいることを全人類が知る日には、神様のみ旨がどのようなところを志向するのかをはっきりと知るようになり、その志向するみ旨を知る時には、その世界はそれこそ一つの世界であり、平和の世界であり、理想の世界に違いありません。(五六―一三二、一九七二・五・一四)

悪神と善神の闘いを誰が終わらせることができますか。それは、神様でもなく、サタンでもありません。世界万民が従っていくことができる愛の主人公にならなくては、神様の闘いを終わらせることはできません。この闘いから解放されない限り、人間歴史世界において「平和」という言葉は妄想のような言葉です。「理想」という言葉は抽象的であって、感傷的な言葉にすぎません。(一三六―一二九、一九八五・一二・二九)

堕落した人間を本然の軸の位置に立てようとすることが、人間を救おうとされる神様の目的になるのです。そのために宗教は、このような主体と対象の愛の概念をもって、宇宙の核と接することができる内容になっていなければなりません。すべての経書をそのような観点から見るときに、キリスト教だけがそのような内容になっているというのです。イエス様は、「神様は私の父であって、私は彼の一人息子だ」と言ったのです。これは驚くべき宣布です。またその次には、「私は新郎であって、あなた方は新婦だ」と言いました。驚くべき発表だというのです。父と息子になることができる愛の結合点、共通分母点、そして新郎新婦になることができる共通分母点、それは二つではなくて一つだというのです。ここに平和があります。これを通さなくては和合がありえません。これを通さなくては、円満な球形作用は歴史過程において見いだす道がありません。(一三七―五九、一九八五・一二・一八)

今日、私たち自身を時間をかけて見てみると、心と体が完全に平和、統一の基準で立つことができないというのです。キリスト教神学を創始したパウロは、心の法と体の法があって二つの法が争っているのですが、いつも体の法が心の法を捕まえて塗炭の苦しみの中に追い込むので、「おお、私は、なんという惨めな人間なのだろう!」という悲痛な結論を下しました。それでは、心の法がどうして体の法を支配し得る位置に立てなかったのですか。神様がいらっしゃるならば、そのようにしなければならないはずだというのです。

人間を統一することができる道、今日混乱した世の中を収拾することができる道、平和の世界を建設することができる道、人間が完成して理想的な自我を立て、万宇宙に誇って主体的権限を行使することができる自我開発をどのようにしますか。それには、神様をはっきりと発見しなければなりません。そのように結論づけたので、神様がいるのか、いないのかという問題をかけて、誰よりも談判をした代表的な男です。(一四四―一四八、一九八六・四・一二)

私は、このような観点から世界平和の問題に対する解決方法として、基本的な三つの段階を厳粛に明らかにしようと思います。しかし、どのような建物でも粗末な基礎を直さない限り、その役割を果たせないように、本人の平和のための提案は、基本的な基礎から出発します。まず究極の世界平和は、神様と人間との平和、次に人間相互間の平和、そして世界の平和という三段階を経ざるを得ません。

血涙の出る修道の過程を通して、私は、生きていらっしゃる神様の実存をはっきりと分かるようになりました。私は、その生きていらっしゃる神様と直接対面する体験までもつに至りました。そして、宇宙の根本であられる神様との平和を得なくては、この地球上で真の平和を論ずることができないことを悟るようになりました。

神様は、宇宙の第一原因であられ、森羅万象の創造主であられます。そして、宇宙の愛する父であられます。神様は、特別なみ旨をなされるために万物を創造されたのであり、その目的は正に愛の具現にあります。神様は、真《まこと》の愛の根源であられますが、いくら全能なる神様であられて

御生誕80周年の記念式でメッセージを語られる文鮮明先生（2000.2.10）

も、一人では決して愛の喜びを感じることはできません。神様は、愛の対象が必要であり、その対象が自発的な愛を返してくれることを願われます。その対象として最高の被造物が正に私たち人間です。そのような理由のために、人間の生には目的があるのです。人生の目的は、成熟して、神様と永遠なる真の愛の関係を実現することにあります。正にこれが、神様と人間の間に平和を成す根本原理なのです。

神様と人間との平和関係を樹立してから私たちは、人間相互間の平和を成すことができるようになります。人間相互間の平和のために根本的に要求される関係とは何でしょうか。それも、やはり愛の関係しかないというのです。

世界平和の達成こそ長年の念願です。ところでこの達成も、本質的には先ほど申し上げた人間個々人の平和を成す方法と同じものです。（一六六―一三一、一九八

七・六・一）

人々は、様々な面において平和と幸福をずっと追求してきましたが、満足できるような成果を得ることはできませんでした。第一次、第二次世界大戦が終わって、戦争を防止するために結成された国際連盟と国連の二大機構が展開してきた世界的な活動でも、平和世界は来ませんでした。宗教団体の努力でも、幸福な世界は実現されませんでした。国際共産主義の理想とファシズムの夢でも、理想世界実現は失敗しました。高度の技術でも、政治的な努力でも、人類に平和と幸福をもたらしてはくれませんでした。これは、人間の不幸と苦痛の根源が神様に背いた堕落に由来するものであるのに、その根源から問題を解かなかったためです。

神様は、なんとしても本来の計画された真《まこと》の愛と平和の理想を回復しなければなりません。このような復帰摂理のために、宗教を立てて善の版図を広げてこられました。（二七九―二〇七、一九九六・八・二〇）

人類の本性は、どうすればこのような不幸を清算して、平和と幸福があふれる世界を成せるだろうかという問題の解答を求めてきました。宗教が追求してきた道が、正にこの道ではありませんか。しかし、いまだに人類が願ってきた理想世界は実現されていません。宗教の核心には、人類の不幸と苦痛の根源を明らかにしようとする要求があります。私たちが苦痛の根源に対して無知ならば、苦痛をなくすことができるという希望さえありません。しかしこの解決は、神様の啓示による知恵をもってのみ可能です。（二三四―二六九、一九九二・八・二六）

今まで本然の人間の価値が分かりませんでした。それでその本然的な価値の内容を探し出すために、人間世界では宗教を中心として、学者世界や知識世界では哲学を中心として、「神様はいるか、人間の価値は何か」という問題について考えてきました。そのために、神様を発見して人間の最大価値である統一圏を探し出すことができなければ、男性と女性の統一は生まれません。そして、いくら人間が統一されたとしても、ここで神様が反対すれば、それはいつでも崩れていくのです。人間が統一されたその上で神様と一体圏を成せば、神様が願われる理想の一体圏が決着することによって、希望の人間、地上だけでなく天上無形実体世界にも中間の実体定着地が生じるのです。それを成すことができなければ、その定着地は永遠に生じません。神様が永遠の平和を願って回っていらっしゃり、人間は自分自身を中心として回っているので定着地ができません。（二二八―一五三、一九九二・三・二七）

人類歴史が始まって以来、平和を渇望しなかった時代はなく、平和を希求しなかった人は一人もいません。しかし、人類歴史は、人類の希望とは正反対に、絶えず戦争と無辜《むこ》の血で染められてきました。これはどうしたことでしょうか。

それでは、去る四十六年間、人類は戦争を知らずに平和に暮らしてきたでしょうか。違います。再び戦争は起こりました。韓国動乱、ベトナム戦争、湾岸戦争をはじめとして、実に六十回以上の人類闘争の歴史が繰り返されました。

なぜ、このように平和が難しいのでしょうか。今日私たちは、「世界平和連合」の創設に先立って、その平和が成されない理由をまず明らかにしなければなりません。そのようにしなければ、これからも前者の轍《てつ》を踏むことは火を見るよりも明らかです。

紳士淑女の皆さん！　これまで人間たちは、平和だけ叫んで、その真の平和の意味を知ることができませんでした。平和の真の哲学をもつことができなかったのです。それで真の平和を成し得る方法が出てきませんでした。

その理由は、知ってみれば簡単です。人間たちは、神様を失って平和を失いました。そして、人間たちは、神様を差し置いて人間同士の平和を探そうとしました。これが根本的な誤りであり、これが真の平和を得ることができなかった根本的な理由です。(二二九―一一四、一九九一・八・二八)

個人の心と体の統一を完成する時には、他のすべてのものの完成も、ここから影響が及ぼされます。それゆえに、私自身の統一をどのようにするのか、私自身の平和をどのように建設するのか、ということが重要な問題だというのです。

今まで歴史時代を経て生きてきた人たちの平和というものは、外的な世界の平和だと解釈していました。国が平和になり、世界が平和になってこそ平和の世界が来ると考えましたが、そうではないというのです。外的な世界の何かが平和を招来してくれるのではなく、内的な自分自身から平和的基準をどのように完成するのかが最も重要な宿題だ、ということを考えないで暮らす人たちになってしまったのです。

宗教には、堕落という概念がありますが、それでは、その堕落とは何でしょうか。心と体が完成して統一することができず、平和の基盤ができないのは堕落によるものであり、堕落によって互いに争って闘争するようになったのです。これを収拾するための一つの道があるとするならば、それは一つの心的世界を代表した個人的基盤、氏族・民族・国家・世界的基盤で発展させることができる宗教圏だというのです。その次に、体的な分野を中心として個人、家庭、氏族、民族の闘争歴史において世界的版図をつくっておきました。それで民主世界を中心として、このように二ブロックに分かれた状態で、今までは外的な体が心を侵害して、蹂躙《じゅうりん》してきたのです。同様に、心を代表する宗教世界の発展基盤を体的な政治世界が常に打ってきて、常に犠牲にさせる争いが今まで続いてきたのです。政治世界は、常に宗教世界を侵害したのです。体が心を打ったのと同じ様相です。

これをどのように統一するのかということは、根本問題と直結します。神様がいるのかという問題と、真なる愛とは何かという問題に帰結されます。神様がいるというならば、神様は完全で絶対的神であるので、絶対平和の基準を神様自体ももたなければならず、すなわち神様とその対象圏が完全に統一的基準をもたなければなりません。そのために、神様がいるのかという問題を明確に悟ることによって、このような内性を知ることができ、その次に私と神様との関係がどのようになっているのかという人間の問題、この二つの問題に帰着されるのです。(二一八―二〇五、一九九一・七・二九)

二十一世紀の指導理念は、どのような理念ですか。哲学思想を凌駕《りょうが》することのできる理論的体制の上に、宗教的内容を兼ねた理論的体制になって――神様という存在は概念的な存在ではありません――神様が私たちの実生活を主導することができ、神様と共に生活することができる世界にならなければなりません。そのようになれば、その世界は、宗教理想を完成した世界であり、哲学思想の理想を完成した世界なのです。しかし、その世界は、観念的ではありません。生活的な神様、生活的な絶対者、生活的な平和の絶対的起源と共に暮らすことができる世界です。その世界が、正に二十一世紀に訪れる世界だというのです。(二〇九―三三六、一九九〇・一一・三〇)

歴史時代を経ながら全世界人類を通して見るとき、幸福を追求した中心存在とは何かという問題は、哲学でも解決しようとする中心問題です。神様がいるのか、絶対者がいるのかということが問題になります。そのような絶対的な存在がいるならば、絶対的な平和がそこにあるはずであり、絶対的な幸福があるはずです。そのような絶対的で、唯一特権的な存在があるはずだと考えるのです。（二〇五―一九六、一九九〇・九・〇二）

二　中心人物と平和世界実現

天を主とした中心的な存在が行く道は、個人による歩みではありません。その個人は、家庭を経ていかなければならず、世界に向かう道を行かなければなりません。その個人は、世界だけでなく、天と地を統一させて、神様と永遠なる愛で一つになり得る勝利のひと時を迎えるようになる時、初めて人間の願う愛の世界、平和の世界が展開し得るのです。

言い換えれば、統一的な基盤を人間同士で備えたといっても、その中に神様の愛が投入されなければ、その世界がいくら統一の形態を備えたとしても理想は成されません。神様の愛を中心として永遠なる世界が展開するのであり、神様の愛を中心として平和の世界が展開するのであり、人間たちの変わる自分の利益を主としたそのような愛を中心としては、平和の世界、統一の世界は展開されません。

またその氏族は、氏族自体を中心として、ここで落ち着いて自分たちのために生きる位置に立っていては、統一的な世界、あるいは平和の世界はやって来ることができません。氏族ならば氏族を犠牲にさせて民族を収拾しなければならず、その民族が氏族を拡大させた一つの統一的な民族として現れるとき、初めてこの世界の民族の中心を整えることができるのではありませんか。その中心が従える氏族が犠牲にならなくては、民族的発展に拡大させることはできないのではないですか。それゆえに、犠牲にならなくてはなりません。

このように考えるとき、一つの国が形成されたならば、その国を中心として自動的に世界が統一できるのではありません。世界に向かって一つになることができる作用を提示するためには、その国もやはり犠牲になって開拓する道を経ていかざるを得ません。そして、その世界が、その国を中心として統一的な環境を整えるとき、初めてこの地球上に平和の起源が成され、平和はどこに来るのかという問題を考えてみるとき、いくら願ったとしても他の方向を選ぶことはできません。

ここには、完全なる一つの中心存在が出てきて、個人から家庭、氏族、民族、国家を経て世界まで統一的な形態を整えるところにおいてのみ、平和が成されるので、この統一の道というものは、ただ何もせずに成し遂げることはできません。ここには莫大《ばくだい》な犠牲の代価を支払わなくては成すことができない、という結論を下すことができます。（六一―二四九、一九七二・九・一）

祭物は、死んだとしても「自分を公認してくれ」と言うものではありません。死んでも頭を下げ、すべて過ぎてからも頭を下げなければなりません。それが平和の起源になるので、祭物の完成圏が現れる時まで、その正体を知ることができません。その道を私たち統一教会人は、厳粛に、夜でも昼でも行っているということを知らなければなりません。（四八―一三二、一九七一・九・五）

平和の心で一生を生きていくようになっているのが創造本然の人間の生活でした。ところが、今日の人間の心の中には平和はありません。さらには、自由を中心として永遠なる理想の中で生きなければならない人間たちの心の中には、天が共に楽しむことができる自由と理想はありません。

今日、全世界に広がっているすべての人間たちは、ある時を契機にして完全なる自由と理想と平和が成されることを願っています。これは、この地球上に生きているすべての人たちの懇切なる念願です。このように完全な自由と理想と平和の世界は、人間の本然の願いである以上、これはどちらにせよ皆さん自体が心と体を中心として成さなければなりません。さらに、皆さんの個体を中心として家庭でもそれを成さなければならず、社会と国家、世界でも成さなければなりません。それだけではなく、天と地が一つになって平和の歌を歌い、自由の歌を歌い、理想的な愛を楽しむことができるその一つの世界を成し遂げなければなりません。

終わりの日におかれている私たちには、行かなければならない道と、越えなければならない峠が残っています。それは、永遠なる平和と自由と理想を成すことができる祭物の道です。

そのような峠を越えるためには、心に永遠なる自由をもたらしてあげることができ、永遠なる天の願いにこたえ、永遠なる天の平和を担うことができる一つの中心が現れなければなりません。もしそのような中心存在が現れなければ、天と地には決して永遠なる平和と自由と理想は成されません。

このように、全体的な摂理歴史が祭物を中心として成されるものと見るならば、旧約時代は万物を通して祭物の峠を越えなければならず、新約時代はイエス・キリスト、すなわち神様の息子を中心として祭物の峠を越えなければならなかった、ということを知ることができます。ところが、成約時代である今は、新郎新婦の名前に代わることができる皆さん自身を条件として、祭物の峠を越えなければなりません。皆さんがそのような祭物の峠を越えるまでは、この地上に真なる平和と自由と理想の世界が成されません。（二―一〇九、一九五七・三・一〇）

世界的な祭物の峠を越えたのちにこそ、神様の愛と、神様の自由と、神様の平和と、神様の理想を所有することができます。なぜならば、そのような峠を完全に越えることができなかった人に神様の愛と自由と平和と理想を与えれば、サタンが讒訴《ざんそ》して、その愛と自由と平和と理想が破綻《はたん》するからです。それで神様は、世界的な祭物の峠を越えることができなかった人に、神様の愛

と自由と平和と理想をお許しにならなかったのです。（二─一一七、一九五七・三・一〇）

すべての与件が物悲しく、とてつもなく反対するものであればあるほど、それが神様の息子としてとてつもない神様の心情と関係を結ぶ誘発点になるというのです。そのような悲しみを受けることがなければ、天の喜びと関係を結ぶことができず、そのような十字架の道がなければ、平和の王子としていく太平路が生じません。このように、すべて反対の現象によって因縁が結ばれるのです。（二九─一六七、一九七〇・二・二七）

イエス様は、「地上に平和をもたらすために、わたしがきたと思うな。平和ではなく、つるぎを投げ込むためにきたのである」（マタイ一〇・三四）とおっしゃいました。驚くべき宣言でした。イスラエル民族は、メシヤを平和の王として、万民の罪を贖罪《しょくざい》するための救世主だと思っていましたが、イエス様は驚くべき宣言をしてしまったのです。民族的な面においても、社会的な面においても、国家的な面においても、家庭的、個人的な面においても、すなわち存在するすべてのものにかかわる一大宣言でした。（六─三二二、一九五九・六・一四）

それゆえに私たちは、神様に侍らなければなりません。どのような資格者になって侍らなければならないのかというならば、教会を代表して、国を代表して、天宙を代表した息子、娘として侍らなければなりません。そのような時に、初めて統一理念を完結するのです。そのようになれば、統一の時が開かれるので、福も、とてつもない福を受けるようになります。そのようになる時までは、旧約時代と同様に、うっかり間違えれば首が吹き飛ぶかもしれません。お父様の日を迎えたのちにこそ、天宙に平和が訪れることを知らなければなりません。（一二一―二五四、一九六二・五・二二）

新しい世界に立脚した幸福な家庭、平和の家庭基盤を築き上げる時までは、受難の道が続くのです。このような受難の道を越えるためには、闘争しなければなりません。消耗戦を経験しなければなりません。このような路程が、今日の私たち個人はもちろん、統一教団が行かなければならない運命なのです。（三〇―九八、一九七〇・三・一七）

皆さんがいくら先生に会ったとしても、個人的な平和の王宮を計画しては、幸福を追求することはできません。その前に家庭的な十字架を背負っていかなければならず、氏族的な十字架と、民族的な十字架と、国家的な十字架を背負っていかなければなりません。統一教会は、大韓民国の統一教会ではありません。（三五―一四〇、一九七〇・一〇・一二）

2000年10月21日、米国・ニューヨークにある国連本部でWANGOの世界大会が開かれた

この世の中で平和の世界を成そうとするならば、他のために犠牲になるという思想をもった人たちが暮らす世界にならなければなりません。そうでなければ、平和の世界は絶対に訪れません。ですから、他のために犠牲になりなさいというのです。なぜ犠牲になるのですか。愛の主人公になるためです。私たちの日常生活において愛を分け与えるには、犠牲を通さなくては真に与えてあげる道はありません。犠牲だけが、自分が涙を流して、血を流しながら最も貴く与えてあげることができるので、犠牲を通して愛を分け与える道しか最高の道はありません。ですから神様は、この道に従って歴史を正してこられることを知らなければなりません。（五六―三四〇、一九七二・五・一八）

復帰の思想は、私はあなたのためにあるのであり、

私は家庭のためにあるのであり、家庭は国のためにあるのであり、国は世界のためにあるのであり、世界は神様のためにあるというのです。それでは、神様は何のためにいらっしゃるのですか。「神様は神様のためにいらっしゃる」と言うかもしれませんが違います。神様は愛のためにいらっしゃるのです。そうであってこそ平和の世界が成されるのです。（五七—二九、一九七二・五・二二）

メシヤという中心存在が出てきたならば、彼ももちろんこの世界の平和を願うのです。彼が立たなければならない立場は、今まで歴史時代の受難の道で残されたものをどのように消化させ、どのように押し出すのかという立場で、その環境に押し出されるような立場ではなく、その環境を追い出すことができる決定的な中心存在の立場です。そのような立場を確保する前に、歴史的に待ち望んできた統一の起源を準備することはできません。（六一—二五二、一九七二・九・一）

来られる主は、どのような教団をも勝利して越えることができる勝利的理論をもって出てこなければなりません。また、どのような政治体制をも勝利することができる理想の政治体制をもって出てこなければならないのであり、どのような思想体系も勝利することができる理想のものをもって出てこなければならないのです。すべてのものに勝利して余りある理想のものをもって出てこなければなりません。そうでなくては、世界は平和の世界になることができない、という結果になります。そのような意味で私たちは、どのような団体よりも、どのような国家よりも、どのような主義よりも強力な群れにならなければなりません。それが可能な世界の大転換時期が一九六〇年から一九八〇年までです。（七三―一〇一、一九七四・八・四）

今日この世界は、どのような時代に入りましたか。最大の混乱時代に入ってきました。地獄の中でも最高の地獄です。天国というものを考えることもできない段階に来ました。しかし、一方で天は、サタン世界を打つと同時に、必ずもう一方でこの世界を収拾してきたことを知らなければなりません。さて、それでは、愛国者たちは、どのような時に大勢現れるのでしょうか。平和時代に、復興時代に愛国者が現れるのではなく、混乱時代に現れます。そうでしょう？　これはどういうことかというと、外的には落ちて下がりますが、内的には新しいものが出てくるというのです。（七四―三二三、一九七五・一・二）

闘わずに平和を成そうとするのですから、サタン世界ではどのようにしなければなりませんか。どのような方法でしなければならないでしょうか。「おい、お前、私のために生きなさい」という方法ではいけないのです。死ぬ方法しか、犠牲になる方法しかありません。悪なる怨讐《おんしゅう》も、自分のために、自分を助けてから死んだということを知れば、頭を下げて屈服するでしょう？

怨讐だと思って殺そうとしましたが、結局その人は私を生かすためにそのようにしたということを、その人を殺してから知れば、毎年その人が死んだ日にその墓を訪ねて、「ああ、私はあなたが怨讐だと思ったのですが……。私がこのように犯した罪を許してください」と言って、その怨讐を誰よりも一生の間、死ぬまで墓参りをしながら祈らなければなりません。これ以外には道はありません。

サタンは、カインに似た者同士は、争うことになっています。互いが捕まえて、奪って殺すようになっています。自分を中心として互いが殺そうとするこの世の中に、アベルが来て平和の世界を成し、統一の世界を成そうとするので、結局、争わないで統一する方法は、怨讐のために福を祈って犠牲になる道しかありません。ですからイエス様も、怨讐のために福を祈ってあげたのです。そのためにイエス様は、神様の戦法において正当な、主流的な思想をそのまま伝統として受け継いだ、世界的な代表者として生きた方だったのです。（五七—一六八、一九七二・五・三一）

平和の天国と栄光の天国は、受難の天国に向かい、産みの苦しみを経てくるのです。産みの苦しみを経なくては、栄光の天国を迎えることはできないというのです。（四六—一〇三、一九七一・七・二五）

私たち自らでは本郷の地を取り戻すことができず、私たち自らではその祖国を取り戻すことができないので、神様が「私たち人間の終末時代に送る」と言われた一人の方がいらっしゃいますが、その方がメシヤです。本来、堕落しなかった本郷の地、本郷の国の全権を神様から認定されて来られる方です。その方の中には、神様を中心とした愛があり、人間が願う平和があり、幸福があり、自由があります。そのようなすべての与件を整えて来られる方が主です。（一五五—一七、一九六四・一〇・六）

三　イエス・キリストと平和の王国

イエス・キリストは、「平安の王」として真の平和をもたらすために来られました。しかし彼は、「地上に平和をもたらすために、わたしがきたと思うな。平和ではなく、つるぎを投げ込むためにきたのである」（マタイ一〇・三四）と言われました。この言葉は、彼の「平安の王」という言葉と矛盾するでしょう？　しかし、そうではありません。私たちは、彼が真で栄光の平和のために来られたことを理解しなければなりません。なぜならば、栄光の平和を樹立するためには、人間生活の根本的な変革が不可避だからです。

この真なる平和に到達するためにイエス様は、何よりもまず人間生活に変革を起こそうとされました。そのような意味で、彼は「闘うために来た」と言われたのです。彼は、個人、社会、国家、そして世界を根本的に変革しようとされました。このことゆえに、彼が教える時に、あらゆる反発にぶつかりました。真に新しい社会を樹立する時には、多くの妨害が伴うものです。そしてイエス様は、受難を受けて、ついには十字架につけられました。（九一―一〇一、一九七七・一一・三）

イエス様の本来の使命は何ですか。世界を統一することでした。イスラエルの国を収拾してローマ帝国を成敗し、堕落の歴史的結果をぬぐい去ることでした。このように嘆息圏内にある世界を統一するために、神様は、長い歴史過程を通してメシヤを送ることを約束されました。それでは、その約束された内容とは何でしょうか。この地上に平和の天国を成すということであり、この地上に自由の天国を成すということです。

ですからイエス様は、この地にそのような自由の天国、平和の天国を建設するために来られました。そうするための一つの個体としてイエス様はこの地に来られましたが、その相対になることができる一人の女性がいませんでした。そのために、一つになる夫婦が現れることができず、一つになる夫婦がいなかったので一つになる子女が現れることができず、一つになる子女がいなかったので一つになる氏族、民族、国家、世界が現れることができませんでした。ですから、天国を成すという目的をもってこの地に来られた主人公は、悲しくも悪党たちに追われて追い出され、ついには十字架で亡くなってしまったのです。(二〇―一六九、一九六八・六・九)

第一次選民思想が崩れ、二次的に発展させたキリスト教の歴史的な舞台が第二イスラエルです。ここで神様の家庭、氏族、民族、国家、世界を編成することができる選民思想を育てるのです。

一九七四年、米国三十二カ都市での巡回講演のうち、バーミンガムでメッセージを語られる文鮮明先生

これらが主と共に拍子を合わせて和動さえできるならば、世界は瞬く間に統一されて、一つの平和の世界、愛の世界が建設されるのです。しかし、これが誤って失敗すれば、千年の悲運が再び始まるのです。(二三―二二、一九六〇・一・二)

今日のキリスト教徒は、イエス様がこの地上に来られて死ぬことが神様のみ旨だ、と信じています。しかし、イエス様は死ぬために来られたのではなく、かわいそうな人類に神様の愛を連結するために来られたのであり、平和の国、平和の統一世界を成すために来られたのです。

新郎として来られたイエス様は、新婦を迎えて平和の家庭を築き、その家庭を

中心として平和の氏族と平和の民族と平和の世界を成さなければならないという新しい歴史の出発のために来られました。しかし、その全体的な願いが崩れることによって、彼は新郎を中心として教団を望むことができず、愛を中心として民族を望むことができませんでした。彼は愛の心情を中心として、イスラエルの数多くの家庭と個人に対することができませんでした。（二二―七八、一九六九・一・二六）

ヤコブ路程はモーセ路程の典型であり、モーセ路程はイエス路程の典型であり、イエス路程は再臨主が行かなければならない典型路程です。それでは、再臨主路程は誰が模範として行かなければならない路程ですか。正に皆さんが行かなければならない路程です。再臨主が来る時まで、個人的なヤコブ路程は象徴的であり、民族的なモーセ路程は形象的であり、世界的なイエス路程は実体的です。しかし、再臨主が実体的に蕩減《とうげん》するならば、皆さんは形象的に蕩減しなければならず、皆さんの子孫たちは象徴的に蕩減しなければなりません。そのようにして一周回って越えるのです。象徴的、形象的、実体的に越えて再び実体的、形象的、象徴的に戻る時、初めて世界は平和の世界に戻っていくのです。原理がそのようになっているというのです。（二二―一五八、一九六九・二・二）

新郎でいらっしゃるイエス様の前には、一人の新婦しか立つことはできません。イエス様は父であり、彼の新婦は母です。それではなぜ神様は、私たちにイエス様とその新婦、すなわち父と母を再び送られるのですか。私たちが偽りの父母の因縁で生まれて、真《まこと》の父母をもつことができなかった恨《ハン》をもっているので、いつかは真の父母を尋ね求め、真の父母の愛を受け、真の父母が導く国まで行かなければなりません。そのようにしなければ、この地上に平和の王国が来ないというのです。（二二一―二七三、一九六九・五・四）

イエス様は、イスラエルの国を中心として、世界を平和の王宮にするためこの地に来られましたが、いくら彼に能力があり、実権があってそれを成すといっても、家庭を築くことができなければ失敗するのです。世界は家庭が集まってできるのです。この家庭は、心と体が闘う人たちでは築くことができません。いくら絶対的な権威をもって死の峠が迫ってきても、天道を捨てる人になれば、神様が願われる家庭を築くことはできません。心と体が一つになったひとり子が、心と体が一つになった一人娘を迎えて家庭を築くのです。家庭をつくる前に世界を復帰しても、それをまた失ってしまうのです。（二二三―一五二、一九六九・五・一八）

イスラエルがイエス様を追い出して殺した罪によって、昔の怨讐《おんしゅう》国であるアラブ圏に囲まれるようになったのです。イスラエル国は、自分の国よりすべての面で何十倍にもなるアラブ圏を抑えなくてはイスラエル圏を求め得ない、悲運の事情を抱えていることを皆さんは知らなければなりません。イスラエル民族は、天のみ旨と世界の問題が解決されるまでは平和の時を迎えることができません。（三八―二〇九、一九七一・一・三）

イエス様は、平和の王であられます。左右にけんかさせることがイエス様の使命ではありません。死ぬ時に争いで死んでいったので、再び来る時は平和をつくらなければなりません。バラバも、ここで平和をつくらなければなりません。それでは、どのようにしなければなりませんか。思想的な面において、霊的な世界の内容をもって、神様をはっきりと教えてあげなければなりません。そのようにしてこそできるのです。（五四―五〇、一九七二・三・一）

時を探して立てたのは、一人の個人が勝利を得るためではありません。その時をいくらでも代理することができるなら、自分一人でも時を代理することができるのです。イエス様一人を個人的に迎えることができる時や、神様の前に愛の息子として立てられる時は、いつでももっていますが、神様が探さなければならない時というものは、国と民族を基盤として、ある圏内で氏族と家庭を連結させた個人的な平和の基盤をもつ時だというのです。それは、イエスが備えなければならない時だった、ということを皆さんは知らなければなりません。

その天国を基盤として、ローマ帝国と世界を一つの平和の天国世界にして統治権を整え、これを理想的な栄光の位置で神様に奉献してさしあげようというのがイエス様の願うみ旨なのであって、十字架に追われ、イスラエル民族が誇りにするユダヤ教やイスラエル民族や、ローマ帝国の治下にあるその国を奉献してさしあげることがイエス様のみ旨ではない、ということを皆さんは知らなければなりません。（五七―三二六、一九七二・六・五）

今日、私たちがこのような宇宙的な責任を負うことができなければ、眠っている民族と世界を起こすことはできません。今は、時間と空間を超越した四次元的な世界に入っている時です。このような時、皆さんは立体性を整えた天倫的な人格者、あるいは天宙的な人格者が現れることを願う天の内的心情をくみ取りながら、生活の中で聞いていると思い、見ていると思い、話していると思う人になるならば、「神様、お越しにならないでください。イエス様、お越しにならないでください」と言っても、神様とイエス様が皆さんについていくまいとしても、ついていかざるを得ません。また、そのような人を地獄に送るとしても、彼は地獄を天国にするのです。そのような人たちがたくさん現れれば、この地上に平和が来るのです。

すなわち、神様が六千年間待ち望んできた真なる平和の息子、娘、真なる愛の息子、娘がこの地上に現れるならば、神様が喜ばれるだけでなく、万物万象まで彼らと共に喜ぶ、ということを皆さんははっきりと知らなければなりません。

イエス様が残したみ旨に責任をもち、イエス様を安息させてさしあげることができる人にならなければならず、サタンを屈服させて、そのサタンを抱えて神様の前に出て、「永遠なる勝利の栄光をお一人で受けてください」と言うことができる人にならなければなりません。そのようにしてこそ六千年間復帰摂理をしてこられた神様の怨恨《えんこん》が解かれて、イエス様が求め願われた真なる新婦を探し出すことができるのであり、さらにイエス・キリストが願う真なる妻を探し出して、この地に平和の園を建設することができるのです。(二一—五四、一九五七・二・一七)

四千年の摂理歴史路程の土台の上に、天に通ずる一つの門を建て、天と万民が連結することができる道を築き上げるために送られたイエス様、このイエス様をイスラエル民族が信じて受け入れたならば、平和の道は開かれたはずでした。そのようになっていたならば、四千年間苦労して立てたユダヤ教団は、神様が往来なさることができる大きな道になっているはずでした。また、天国を求める民たちの門戸になっていたでしょう。(六一—一七五、一九五九・四・二六)

イエス様の教訓の中で、私たちは何を見いださなければなりませんか。十字架で困難を耐えてきたイエス様を見る時、その前に「愛だ、慈悲だ」ということは誰でも言うことができますが、最も厳しい十字架で耐えることができたということが驚くべきことです。それしかありません。第一に、耐えたということが驚くべきことです。その次に何かといえば、怨讐《おんしゅう》にまで「ため」に生きようとされたということが驚くべきことです。それが結論です。その場から愛が自動的に出てくるのであり、その場で平和もすべて一度に成立するのです。分かれた天と地がここで一つになることができるというのです。分かれた人間と神様がここで接ぎ木することができるのですが、そのような起源にならなかったというのです。（七六―一二二、一九七五・三・二）

イエス様は、二千年前にこの地に来て爆弾発言をされました。「わたしよりも父または母を愛する者は、わたしにふさわしくない。わたしよりもむすこや娘を愛する者は、わたしにふさわしくない」（マタイ一〇・三七）と言われたのです。それとともに「家の者が、その人の敵となるであろう」（マタイ一〇・三六）と言われました。また「地上に平和をもたらすために、わたしがきたと思うな。平和ではなく、つるぎを投げ込むためにきたのである」（マタイ一〇・三四）と言われました。このような二律背反的な宣言をせざるを得なかったその内容を、今日の宗教人たちは考えることすらできません。その根本を明らかにして知ろうともせず、考えてもいないという事実を知らなければならないというのです。（八七―一七八、一九七六・六・二）

イエス様は、「地上に平和をもたらすために、わたしがきたと思うな。平和ではなく、つるぎを投げ込むためにきたのである」（マタイ一〇・三四）と言われました。全く反対の話です。剣をもたらすのです。イエス様は、洗礼ヨハネの時に警告したことと同様に、「悔い改めよ！　天国は近づいた」と言われました。「喜びなさい、天国は近づいた」とは言われなかったのです。天国が近くに来たならば、「喜びなさい」と言わなければなりませんが、なぜこのような言葉を言われたのかというのです。そして、その悔い改めることは簡単ですか。歴史的な罪を犯したならば、歴史的な責任を負うことができる条件をもってこそ悔い改める条件にもなるのであって、ただなるのではありません。それゆえに、イエス様の思想は大きく異なるというのです。完全に反対です。（一〇三―一五九、一九七九・二・五）

イエス様は、この世界に来て、まず何を設定しようとされましたか。世界の外的環境よりも、王宮法、天国の国法を中心として生きたというのです。終わりの日の世界がすべて過ぎ去ったのちに天国がこの地上に君臨するようになる時、いつも神様に侍って暮らすことができる理想的環境を考えたのです。それが王宮法だったのです。何をもってその法を守るのですか。心情、愛をもって守らなければなりません。家庭から国、世界、天国まで、本質的で普遍の要素としてもつことができる最も貴いもの、また平和の基準になり、幸福の基準になり、私たち人間の理想の基準になることができる根本内容の中心は何かというとき、この問題は深刻な問題です。それは真なる愛です。(一六八—一八四、一九八七・九・二〇)

天と地が公認して、神様の愛が縦的に、直線で流れていった一つの宇宙史的な中心存在、人類の真なる男性、真なる本然の父の格をもって来られる方が、キリスト教でいう新郎です。アダムが生まれたのちに、アダムを通してエバを造られたでしょう? ですから、エバである新婦は誰がつくらなければならないかといえば、主がつくらなければなりません。主の功労を通してつくって迎えなければなりません。それゆえに、イエス様がこの地上に来て新婦を迎えて家庭ができ、すべてを接ぎ木して民族編成、国家編成、世界編成を成して新しい平和の王国を築かなければなりません。(二五七—一六一、一九六七・四・一二)

四　宗教と平和

私たちの良心は、人間が一つにならなければならないことを知っています。人間は平和を志向しなければならないことを知っています。世界は一つの兄弟だ、ということを良心は知っています。良心の法では、すべて知っています。ですから今日、この良心を呼び覚まして大革命を起こさなければなりません。

神様が新しい人類の前に平和の日を立てるために構想され、今まで一つの理念的な社会、理念的な家庭、理念的な個人を求めて苦労されたものが、良心を基盤とした一つの宗教です。その宗教を中心として神様が介在して引っ張ってくるのです。（二五一―一三六、一九六二・一・二）

宗教とは何ですか。このような歴史的基準を決定するのです。このような歴史的基準を決定することができない宗教は必要ありません。塗炭の苦しみに陥っている人間たちを、全知全能であられる神様がそのままほっておいては、神様が雷に打たれるのです。それでは神様は、どのようにされなければならないでしょうか。このような人々を平和の道に導かなければなりません。また歴史過程において、人間を平和の道に導こうとされた痕跡《こんせき》が残っていなければなりません。そのような活動をしたのかしなかったのかというとき、しなかったならば神様は、どれだけ残忍な方でしょうか。しかし、そのような活動をしたというその痕跡が何かといえば、それが正に宗教なのです。（二三二―一二五、一九六九・五・一八）

歴史を振り返るとき、儒教、仏教、キリスト教、イスラム教などは、各々一定の時代と一定の地域において社会的不安と混乱を一掃し、平和と安全の基礎の上に輝かしい文化を花咲かせてきました。例えを挙げてみましょう。中国の漢の時代においての儒教文化がそうであり、欧州の中世においてのキリスト教文化がそうであり、古代インドのアショカ王時代の仏教文化がそうでした。また、中東においてイスラム教文明（サラセン文明）もその際立った例の一つです。（一二二―二九九、一九八二・一一・二五）

すべての宗教の究極的な目的は、幸福なる理想的な世の中を成し遂げることです。今日、世界の政治家たちが集まり、頭をひねって会議し、討論するその目的も、どうすれば万民を幸福にしてあげる理想世界をつくることができるかということです。すなわち、どうすれば平和の王宮を成して、世界万民がその中で兄弟として生きることができるか、ということを考えているのです。それゆえに、そのようなことを紹介できない宗教ならば、ふろしきに包んでしまわなければなりません。（二三一―二二、一九六九・五・一八）

神様の名によって、アメリカは超民族的な結束をしなければなりません。私は、神様の名を中心として次元の高い平和の世界を考えているので、アメリカに来てこのようなみ業をせざるを得ません。キリスト教の伝統を誇って、ユダヤ教の伝統を誇っても滅びるようになったことを思うとき、そのような宗教ではいけません。神様の名によって結束することができるより次元の高い世界史的な理念をもち、世界史的な宗教をもって、飛躍することができる宗教をもって進んでいかなければなりません。（八六―二〇八、一九七六・三・二九）

宗教が志向しなければならない最終目的とは何ですか。もちろん個人救道の目的を主張することも一理ありますが、それよりももっと進んで家庭を救わなければなりません。まず家庭を取り戻して、安住圏に属している人間を罪悪の中から解放させなければなりません。真なる意味で歴史を代表して、時代を代表して、未来を代表する家庭を取り戻さなければなりません。さらに世界人類が共に喜ぶことができる家庭の基礎と、家庭が行かなければならない正道の基準を拡張しなければなりません。その家庭の正道がどこから出発して、どこに行かなければならないのか、ということが決定されなければなりません。そのようにならない限り、この地上に平和の世界を創建することはできません。外的なものをいくらきちんと成したとしても、内的な家庭においては破綻《はたん》することもあり得る、ということを知らなければなりません。（二三―一〇、一九六九・五・一一）

今日のキリスト教は、神様の願いと人類が追求する願いの目的を達成させて、平和の基点を解決しなければなりません。そのような神様の願いがある限り、歴史は、キリスト教を中心として発展せざるを得ないというのです。（二七・三〇五、一九六九・一二・二八）

キリスト教は、他の宗教とは違って殉教歴史の道を歩いてきました。殉教するのは、何を中心として殉教したのですか。自分を中心として殉教したのではなく、神様のみ旨を中心として殉教したのです。人間が最後に模索しなければならない一つの世界のために、神様がこの地に平和の錨《いかり》を下ろすことができる基台のために、本然の人類平和のために、数多くの人たちが殉教の血を流したのです。（二九―一八、一九七〇・二・一五）

宗教は、私的な欲望で出発したこの世の中が滅びることを願います。公的な世界を追求しながら、一つに統一された平和の世界を待ち望んでいます。そのような主張を数千年前から叫んできたのが宗教です。(三六―七一、一九七〇・一一・一五)

誰がこの罪悪の根を引き抜いて、悪なる主権をなくして平和の世界を成さなければならないかといえば、キリスト教信者たちが成さなければならないというのです。それでは、どのようにすれば成すことができますか。来られる新しいメシヤを迎えることができる道を準備して、メシヤを迎えてこそ成すことができるのです。(五四―一四七、一九七二・三・二二)

民主世界が滅んでも終わりまで神様を支え、イエス様のために、来られる主のために死ぬという決心をしなくては、この地上に主が来ても、また死ぬようにしてしまうでしょう。時は満ちました。これからここに主が来られて、キリスト教を中心として自由世界を一つにし、悪なる共産世界とイスラム教を殺してなくしてしまうのではなくて、それらをすべて抱き込むのです。死ぬ時に争って死んだので、再び来る時には、世界的な平和の宴をして歓迎を受けてこそ、この地上に平和の天国が建設されるのです。(五四―一二七、一九七二・三・二二)

宗教の道は、犠牲を教えてあげることです。世界平和の自動的な解放圏というものは、ここから展開します。しかし、自分を第一にして闘争して、力を基準にして屈服させて版図を広げてくる歴史を経ていくものは滅びます。それゆえに、そのような歴史時代は、終わりの日が来なければなりません。神様がいらっしゃるならば、終わりの日が来なければなりません。（五九―二〇〇、一九七二・七・一六）

神様がいらっしゃらなければ、仮想的な何かでもそれを標準化して、それを私たちの欲望に代わって、それを愛に代わって、人間を一つにすることができる存在として立てざるを得ません。そのようにしなければ、一つになる道がありません。このような観点から見るとき、人間は、神様がいらっしゃらなければ、仮想的な神様でもつくって一つの主体として立てなければなりません。これは、私たちが追求せざるを得ない事実です。そうでなくては、どのような平和も幸福も理想も、求めることができません。夢も見ることができません。ですから、もし神様がいらっしゃるならば、どれだけ幸いなことでしょうか。（七二―二二〇、一九七四・六・二三）

人類のために祭物を積んで、犠牲の血を一度にまくことがあっても、この悪辣《あくらつ》な共産世界を打破してしまって、平和の王国を建設しなければならない責任が今日の宗教にあるという事実を、夢でも考える人はいません。それゆえに、私という人は、多方面に手をつけているのです。経済

2000年10月10日、「世界平和超宗教超国家連合」の韓国での創設大会が開かれた

分野から工業分野、政治分野、文化分野、宗教分野まで、すべてのことに手をつけているのです。なぜでしょうか。方向を提示して収拾しなければならないのは、宗教だけではなく、この世界全体だからです。そのような訓練をしなければならないというのです。（九九―三二四、一九七八・一〇・一）

今日の全世界は、一つの世界、平和の世界を追求しているにもかかわらず、宗教人たちは、いまだに教派主義を脱皮することができていないというのです。神様のみ旨から見るとき、この上なく後退的であり、この上なく無分別な立場だと見ざるを得ません。（九三―一九九、一九七七・六・一）

今まで宗教は、家庭を否定しながら重要視せず、氏族や国、世界も重要視しませんでした。すべて霊

的世界だけを考えました。その反面、統一教会は、霊的世界も重要視しますが、肉的世界に平和の地上天国をつくらなければならないといっています。（一一八―一四八、一九八二・六・一三）

宗教は、何をするところですか。人を改造するところです。改造するのに、どのような改造をするのですか。心と体が闘う人間ですが、永遠に闘わない平和の立場で天宙の大主宰を代表した一つの相対的資格をもち、永遠なる神様が無形であられるならば、実体的神様のような人格的資格をもって永遠無窮に変わらない人間の価値的生涯を享楽することができるそのような人間になろう、そのような人間をつくろうというのです。それが宗教の使命です。宗教というものは、人間だけがするのではなく、神様と合同作戦をしてこれを完遂しようというのです。これが宗教の使命です。（八六―三四、一九七六・三・四）

宗教国連が設立された状況で無神論が出てきたならば、直ちに除去されたはずです。そのようになったならば、アメリカを中心として平和の新しい次元の世界に前進したでしょう。それができなかったのでサタンが打つのです。共産党が激しく打つのです。サタンが共産党を送って打つのです。責任を果たせなければ必ずサタンが打ち、天はそれを許さざるを得ません。（一二三―一四四、一九八二・一一・一六）

神様の創造目的が絶対的なように、復帰摂理の目的も必ず成就されます。したがって、メシヤの理想は、決して漠然としたものではなく、具体的な私たちの生活圏で必ず成就される神様のみ旨なのです。このような点で宗教の目的は、私たちの実生活で神様のみ旨を具体化するものです。神様が救援の全体的摂理のために、時代と民族と環境によって適切な宗教をおかれ、神様の基台を広げてきました。したがって、全宗教の究極的目標は、神様のみ旨である平和理想世界を成すこと、ただそれだけです。宗教は、教団内の自体救援や個人救援を考える前に、世界救援という神様のみ旨を心配しなければなりません。今の時は、汎《はん》宗教的に神様の真意を再探求しなければならない時だと思います。（一三五―一二〇、一九八五・一一・一六）

私は、世界と人類の将来に対する長年の省察と祈祷を通して、今の世界を覆っている神様の情熱的な願いと強い聖霊の役事を感じてきています。これは、世界が必ず新しくならなければならず、宗教指導者が汎世界的に団結するだけでなく、懺悔《ざんげ》と真なる奉献の姿勢を整える汎世界的拡張運動、実践奉仕運動が起こらなければならないと教示しています。世界は変わらなければなりません。新しい宗教改革の情熱の炎を燃やして、至る所で生活信仰、実践信仰の価値を高く高くとどろかせなくてはなりません。そして、無神論者たちの前に生きていらっしゃる神様を証明する生きた信仰の炎がなければなりません。真なる平和世界は、宗教を通した精神革命、愛と慈悲による大きな和合によってのみ成就されるのです。（一三五―一三一、一九八五・一一・一六）

私はこれまで、神様が願われる摂理の方向に従って世界を改革し、地上に神様の理想を実現することに尽力してきました。また私は、統一教会の総力を最も優先的に動員して、それを宗教間の和合を通した世界平和の目標のために施してきました。皆さんが属した各教団も積極的にこの道に協力して、共に行くことを本心から私は願います。これは、私がこの分野の努力を中断したり、統一教会の財力を惜しんでいるのではありません。全宗教の伝統の霊的資源と創造力を動員して、神様が願われる方向に総結集することによって、平和世界の実現を早めようとしているのです。（一三五―一三二、一九八五・一一・一六）

世の中には多くの宗教があります。その反面、宗教を知らない人や、信仰生活をしない人たちもいます。このように見るとき、信仰をもった人と信仰をもたない人、このような二つのグループが暮らしています。その背後には様々な国があることを私たちは知っています。しかし、この国が平和な立場で暮らしているのではなく、互いに争いながら、また様々な困難の中で未来を開拓しようとしていますが、その未来がどのようになるのかはっきり分からないまま、世界の数多くの人々は前進しています。

今までの人々は、自分がなぜ生まれたのか、人生とはいったい何なのかという質問をしました。しかし、いくら研究して努力したとしても、人間だけでは平和の世界や理想世界、きょうのみ言《ことば》の題目のように、善なる世界を成すことができないという問題にいつもぶつかっていました。

それでは、なぜ人間が善なる世界を成すことができないのでしょうか。人間は、一生の間暮らす環境の差によって、主張することがそれぞれ違います。西洋人が主張することと東洋人が主張することが違うのです。一つの国で見ても同様です。ある国の歴史を見るとき、歴史の方向が時々人々の主張によって変遷してきました。歴史過程において、私たちが願う理想世界は変わってはならず、変わらないと同時に、平和をもたらすものでなければなりません。すべての人が一つになって平和な世界を成さなければなりません。（一四九―八〇、一九八六・一一・一七）

人間たちは、自らが暮らしている世界に対して知りませんが、神様がいらっしゃるならば、その神様が願われることも人間が願うことも同じなので、神様も一つの祖国を人間に与えたいと思われ、一つの世界を人間に賦与して平和の世界を建設することを願われるのです。ですから、神様がいらっしゃるならば、神様は、このような分立歴史、戦争歴史に染まってきた歴史上の数多くの祖国を一つにまとめるみ業をされるのです。宗教というものを通してするのです。ですから、宗教が出てこなければなりません。

それでは、世界が必要とする宗教は、どのような宗教ですか。より平和を提示することができる宗教です。そのような宗教になるには、自分を重要視して、また自分を中心にする所有観念や所有欲をもっていては不可能です。そうしていては、歴史時代に自分たちの祖国を中心として、自分の民族を中心とする主体的な観念に支配された、そのような形態を抜け出ることはできません。これを脱しようとして、「自分を犠牲にしなさい！　自分を犠牲にしなければならない」と言うのです。

このように見るとき、現世に生きている人々によって成された、紛争歴史を通して立てられた祖国を中心とする世界では、統一祖国は出てくることができません。しかし、概念を異にする宗教世界のその内容を中心としては、一つの世界になることができる可能性、一つの祖国が形成できる可能性があります。ですから宗教は、自己否定から犠牲奉仕を強調しながら、真なる道を探してきたのです。人間生活においての一時的な自己の生活理念を中心とした生涯の道を行くのではなく、永遠なる生涯の路程を行きながら、永遠の平和を描いていくのが宗教だというのです。高次元的な宗教ほど、そのような内容が充実しています。（一七二―一四三、一九八八・一・一〇）

世界が思想的な面において混乱しています。もはや全世界は、混乱の中で一つの平和世界を追求しなければならない時が来たのです。四大宗教は、今まで四大路線をとってきましたが、その宗教がこの混乱期を越えることができるのかといえば、越えることはできないというのです。宗教は、国家と思想を引っ張っていくことができる先頭的立場になり得なかったというのです。その渦中で大混乱が展開し、大革命が急速に展開してくるのです。

また、これから一つの平和世界を追求するにおいて、伝統的宗教内容が問題になるのです。これをもって一つの道を立てることはできません。ですから混乱が起きるのです。賢明な若者たちは、今までの信仰生活を放棄するしかないというのです。宗教が解決してくれるよりも、この社会、国家、世界が一つになって解決してくれるほうが早いと考えるので、宗教圏は、完全に後退する段階に入ってきているのです。それゆえに、大混乱が起きます。(二二九—二六三、一九九二・四・一三)

今まで数千年の歴史を経てきながら、すべての人々が理想を描き、平和を描いてきたというとき、その理想と平和を一つにすることができ、その平和の門を開くことができ、解放の門を開けることができるものとは何でしょうか。それは、お金でもなく、知識でもなく、権力でもありません。内的な家庭においても、すべての宗教においても、真なる愛だけが宗教圏を屈服させることができ、家庭圏を屈服させることができるのです。

宗教というものは、家庭を抱えていかなければなりません。家庭をどのように平和にするのか

「祖国創建」の揮毫をされる文鮮明先生（1985.1.1）

というのです。宗教的側面から見るとき、その使命を完結した宗教がどこにあるのかというのです。仏教、儒教、イスラム教、言うまでもなくすべて同じ立場です。（一二九―一七三、一九九二・四・一二）

宗教の歴史は、博愛主義が中心思潮です。宗教は、広い意味で神側を中心とした主流なので、愛を語り、慈悲を語り、公義を語る立場に立っています。それゆえにそれは、自己の野望を拡張しようとするのではなく、公的な利益に符合することができる自分のすべての素性《そせい》を悪なる世界の霊に投入して、悪なる世界を天側に移そうというのです。それは、悪を中心として争う世の中ではなく、善を中心として和平を企図し、平和を企図し、最近多く使われる言葉である「和解のムード」を造成するためにするのです。

皆さんも御存じのように、山上の垂訓でもそうではないですか。「平和をつくり出す人たちは、さいわいである、彼らは神の子と呼ばれるであろう」（マタイ四・九）とあるのです。家庭において、父母が不和のとき、その父母を和合させ、和平するようにし、不和だった家庭を和平させるところに天側の版図が拡大されるのです。それはどういうことでしょうか。この悪なる世界に対《たい》峙《じ》していくために、結局宗教世界は、新たに投入をしなければならないというのです。新しい何かを投入することによって、環境が自分によって影響を受けるようにしなければなりません。投入するのです。「投入しなさい」と言うのではなく、お互いが投入していくところにおいてのみ、その家庭に和睦《わぼく》と和合と平和をもたらすことができるのです。これが、善なる歴史性を備えた宗教が歩んできた背後の主流思想です。（二二三―七、一九九一・一・一三）

神様がいらっしゃるならば、神様のみ旨は、いずれ人間たちの願いが終わることによって始まる見込みがあるのではないでしょうか！　それでは、この混乱世界において、神様のみ旨を受け継ぐことができる何かの団体、宗教団体がありますか。国境を越えた体制を中心として、世界的版図をもっている数多くの大教団がありますが、その教団に神様のみ旨を受け継ぐことができる内容があるのかというのです。これがあるならば、希望の力が人類の前にあるかもしれませんが、ないというときには、宗教世界も終わるのです。このように考えるとき、今全世界の教団が、世界平和のための一つの理想世界を実現し得る最後のパターンを受け継ぐことができる時代が近づきました。（二一九―二八九、一九九一・一〇・一三）

歴史時代において、キリスト教が成長してきた過程は、死の谷を掘り出してきたのです。死の谷から始まりました。人間において最も悲惨な立場、血の流れる殉教の立場から新教は発展してきたのです。このようにずっと闘争してきたのです。キリスト教の理想は、世界の平和であり統一の世界にありますが、その道を行くためには、それにもちこたえることができる根の基盤を築き上げてこなければなりません。そのためにキリスト教は、犠牲にならなければなりません。全体が血と汗を流す過程を経て、歴史時代のどこに行っても、すべて影の立場から始めたのです。迫害を受けたのです。このように数千年を闘って世界的基盤を築き上げたのです。

新教の独立国は、アメリカです。カイン、アベルが争う状況の中で、アベルを中心としてヨーロッパ全体のカトリック主権国家が反対する環境を越えて、信仰の自由と平和の神様のみ旨に向かってメイフラワー号に乗り、大西洋を渡った百二人のピューリタンたちの歴史を見れば悲惨なものです。（二〇六―一二、一九九〇・一〇・三）

世界戦争も何年もしないで、すべて終わりました。どのような戦争も終わりますが、自分の心と体の中で展開している戦争はいつ終わりますか。この戦争を終わらせることができない人は、平和の王国世界とは関係がありません。戦争の王宮世界と関係を結ぶようになっています。それは論理的です。

永遠の二つの世界があるとすれば、争いの世界、闘争の世界を代表した世界を地獄といい、平和の世界を天国だといいますが、心と体の闘いを終結させ得なかったそのような人たちが天国に行く、ということは論理的に矛盾です。これを解決できない宗教は、すべて消えていかなければなりません。キリスト教でも、仏教でも、儒教でも、どのような宗教でも同様です。（二〇四―一二一、一九九〇・六・二九）

神様を中心として父母に侍る生活理念を再逢春《ほうしゅん》（注：再び春を迎えるように、不幸だった人が幸福になること）するために教育するのが宗教の道理なので、宗教圏内において歴史が長い宗教だからといって貴いのではありません。宗教の行く道の前には、僕《しもべ》の宗教があり、養子の宗教があり、庶子の宗教があり、直系の子女の宗教がある、ということを知らなければなりません。その基盤の上に父母の宗教が出てきて、二十一世紀の平和の天国に向かっていくのです。それゆえに、すべての僕たちに、主人に対して備えなければならない生活の道理を教えてあげて、僕が行かなければならない正常的な道を行くようにしなければならず、養子にも、息子の名前をもっているので、父母が幸福になることができて、父母の家庭が大平聖代を成すことができる内容を教えてあげなければなりません。庶子にも同様であり、直系子女にも同様です。宗教の第一の核心的内容は同じですが、同じだといってもすべてが同じではありません。（二〇六―九八、一九九〇・一〇・三）

五　個人、家庭、社会、国家、世界、宇宙の平和

この宇宙の平和を開く鍵《かぎ》は多くはありません。一つしかありません。その鍵は世界でもなく、国家でもありません。一人です。一つの世界を代表した一人、国家を代表した一人、この民族を代表した一人、氏族を代表した一人、家庭を代表した一人、個人を代表した一人、この一人が問題だというのです。（八二―一三四、一九七六・一・四）

「自分」を斬新《ざんしん》な姿で立てていく時に、新しい歴史は創造されます。また歴史的に、幸福を追求する生活においても、私自身の斬新な姿を求めなければ、この地上の幸福や平和というものは自分と関係ありません。このように、すべてのものが自分を中心として連結されており、すべてのものが自分によって左右されるということを知らなければなりません。（二七―一四二、一九六九・一二・七）

個人から家庭、氏族、民族、国家、世界に行くにおいて、引っ掛かるものがあってはいけません。個人から家庭が勝利点を受け継いで、家庭から民族が勝利点を受け継がなければなりません。そのようなパターンで家庭の勝利点を氏族が受け継いで、氏族の勝利点を民族、民族の勝利点を国家、国家の勝利点を世界が受け継いで越えることができなければなりません。そのようなパターンが出発と同時に変わりなく個人から世界まで受け継ぐことができる、一貫した因縁を整えた基盤が地上に展開しなくては、神様が願われる摂理的最後の勝利点は、この地上に顕現することはできません。そのようなものがなくては、この地上に平和の世界はやって来ることができません。希望することもできません。皆さんは、それを知らなければなりません。（五七―六八、一九七二・五・二八）

この世界は、とても大きな世界ですが、結局は一つの個人が種を蒔《ま》いたので、その一人が蒔いたものが世界的に実を結んだ型だというのです。一つは内的な人の形態、一つは外的な人の形態として、この二つがずっと闘っていては平和はあり得ません。それは、神様が願われる本意ではありません。

今まで人類に代わって歴史過程を経て摂理を推進してこられた神様は、必ず統一を模索する一つの新しい何かを提示しなければなりません。そのような運動が地上で展開しなければなりません。あるいはそのような運動が地上で展開しなくても、そのような希望的な理想の基盤が歴史過程に残っていなければなりません。それが宗教を中心とする歴史上の文化圏です。（二〇一一六九、一九六八・六・九）

今日、世界は平和を願っています。万民は、一つの統一された理想世界を夢見ています。その理想世界は、私たち個人を通さなくては成されません。私たち個人個人がそのような理想の基盤を確保して、その環境を広げる過程を経なくては、その世界にまで到達することはできません。

さらに私たち個人においても心と体が闘争しているのを見るとき、この平和の道、統一の道というものを他の所で求めるのではなくて、私たち個人で模索する道以外にはありません。ある一人が完全に天を代表して、地を代表して、国家を代表して、あるいは民族を代表して、特定の家庭を代表して、全人類を代表して統一された実体を成さなくては、統一の出発を見ることができません。人類がこのような歴史過程を経てきたということを知っている私たちにおいて、問題は一人だというのです。

その一人は天を代表し、この地を代表し、歴史を代表し、人類を代表し、全体を代表した一人の人間として統一された自我、すなわち人格をもって来る中心存在なのです。そのような存在がいなくては、いくら統一や理想や平和の世界を私たちが待ち望んでも、成し遂げることができません。（六一―一二四七、一九七二・九・一）

人間の欲望で立てられた政策理念をもっては、一つの政策方向、一つの路線を追求する道はありません。それで絶対的な思想、絶対的な精神と因縁を結んだ一つの思想体系を通して、人間の良心と体を通した生活舞台を再現させる道を発掘しなくては、一つの世界を模索することはできず、平和の世界を成すことはできないというのです。（六〇―二六二、一九七二・八・一八）

私たち人間は誰でも、幸福と自由と平和と愛と理想を描かない人はいないと思います。理想を描くのですが、刻一刻と変わる理想は願いません。しかし、私たち人間の世界は、変わるのが習慣であり、変遷されていく歴史の中で私たちは生きているのです。

私たち人間は、今の世界人類が理想や愛や自由や真なる善というものを求めて疲れ果て、障壁にぶつかってうめいていることを直視するようになりました。真なる自由の主人、平和の主人、幸福の主人、善の主人、愛の主人、理想の主人がいれば、その主人は、私たち人間より次元が高く変わらない一つの絶対的な中心存在でなければならない、ということを私たちは考えざるを得ないのです。

神様は、自由の大王であり、平和の大王であり、愛の大王であり、理想の大王であり、幸福の大王であることは間違いありません。それでは神様に私たちが、「あなたがそのような主人になるならば、幸福や自由や愛や理想という基準を、どのような位置においておきたいですか」と尋ねれば、神様はどのように答えられるでしょうか。神様がいらっしゃっても、神様御自身を中心として、神様お一人では自由や平和や幸福や理想や愛という言葉は成立しません。そのために、必ず相対的存在がなくてはいけないという結論が出てくるのです。

それでは、神様は主体であり、私たち人間は対象ですが、主体と対象関係において、真なる愛の基準を「ために生きなさい」というところにおかれたでしょうか、「ために生きる」というところにおかれたでしょうか。ここにその起源が生じるようになります。神様は、知恵の王であられるので、これから人類の前に平和と、幸福の世界を成そうとするならば、主体である自分のために生きなさいという原則を立てることはできません。それを立てれば、平和と統一の世界はあり得ません。しかし、「ため」に生きるという原則によって、真なる善と理想と愛と幸福と自由を与えるようにせざるを得なかった、ということを今日の人間は知りませんでした。（七〇—三〇三、一九七四・三・九）

世界のすべての人たちが「正しい」と言うことができる基準、公認されたその基準は、誰も変

米国・ワシントンD.C.で純潔の重要性を訴える世界の大学生たち

更することができない基準でなくてはなりません。その基準を中心として世界の平和が芽生えることができるのです。ここから善の個人と善の家庭、善の氏族、善の民族、善の国家、善の世界が出発することができるのです。しかし、国家がいくら善だとしても世界的な基準と方向を合わせることができなくなるとき、その国家は崩れていきます。

　ですから、私たちに問題になることは主義と思想です。宇宙観と世界観、そして人生と生活観、新しい世界の人格観などが問題になるというのです。（三三―四八、一九七〇・八・二）

　今、私が生きている世界が問題ではありません。世界は遠い所にあるのです。国も問題になりません。家庭も問題ではありません。夫あるいは妻も問題ではありません。結局は、私自身がある統一的な基盤を築き上げることができるのか、ということが何よりも重要な問題だというのです。このように思うとき、自分が平和と統一の世界を願うならば、自分から統一して、自分から一つになる位置を探さなければなりません。そのようにしないで、その統一的な世界と関係を結ぼうというのは理論的に矛盾です。(一二八―七六、一九八三・六・五)

第二次大戦が問題ではなく、今のソ連とアメリカが問題ではありません。自分の中で永遠に続くこの戦争を、どのように平和に裏返してしまうかという問題です。これは、何よりも重要な問題だということを知らなければなりません。これができなければ、世の中が平和世界になっても、それはすべて地獄になります。先生がこの道を出発する時、第一の標語が何だったかといえば、「宇宙主管を願う前に自己主管を完成しなさい」ということだったのです。自分自身を占領することができない人は、世界を占領することはできません。(一三二―三二、一九八四・三・一一)

堕落した運命圏の子孫として生まれた私たちには、個人を犠牲にしなくては家庭を連結させる道はありません。個人を投入しなくては家庭に平和の基地をつくる道はありません。家庭のために犠牲になる精神基盤がなくては、その家庭が民族と世界に前進することができる基地になることはできません。安息の基盤ができないというのです。ですから、家庭全体が民族を経ていく基地にならなければなりません。民族を経ていこうとする一族を導いていかなければなりません。

（二六八―一二二、一九八七・九・一三）

平和の王宮はどこですか。イエス様は、天国がどこにあるかというとき、「あなたの心にある」と言われました。天国は自分の心にあるのです。心自体を中心としては天国は臨在できません。ですから、統一教会が統一を主張するのは、世界統一を主張するのではありません。世界統一がある前に国家統一がなければならず、国家統一がある前に民族統一がなければならず、民族統一がある前に氏族統一がなければならず、氏族統一がある前に家庭統一がなければならず、家庭統一がある前に個人統一がなければならないというのです。最も根本になる個人統一をしなさいというのです。これを標準にするのです。

それでは、歴史上にこのように統一された家庭の基準の上に立った家庭が、この天地間に来てはいったのでしょうか。どのように生まれていなくなったのでしょうか。今、皆さんが暮らしている所は、すべてごろつきばかりです。二人が一つの夫婦になれば、そのごろつきは四人のごろつきになります。十人の家族が住めば二十人のごろつきになり、三十六億の人類が暮らせば七十二億のごろつきです。この中では平和を夢見るなというのです。

それゆえに、神様は知恵があり、このような道理と事情を御存じの神様なので、平和の起点をどこにおかれたでしょうか。宗教を通して、個人を中心としたこのような復帰運動をされるのです。それを見れば、神様は偉大な方だというのです。平和の起点を世界におかれたのではなく、平和の起点を国におかれたのではなく、平和の起点を氏族におかれたのではなく、個人におかれたというのです。

個人の心と体の平和を永遠なる起点にして、そのようにすることができる男性と、そのようにすることができる女性を誕生させ、この地上で完全に統一された一組の男性と女性が、完全なる男性のプラスと完全なる女性のマイナスが神様の愛の力を中心として、完全に一つになった家庭が出てくるならば、誰がそれを離すのかというのです。離すことができますか。そのようにすることができる力の母体である、神様の愛を中心として連結された家庭の基盤が、まだこの地球星には顕現していないというのです。(一六〇—二六三、一九六九・五・一七)

自分の心を中心として自分の体が一つになり、心と体が一つになった完全なる個体を中心として家庭になり、家庭を中心として完全なる氏族を編成して、氏族が連結して民族、民族が国家から世界まで連結して、今日この地上で暮らしている数多くの人々が平和で統一された理念圏内で暮らしているのかというとき、そうではありません。これは、なぜそのようになったのでしょうか。すべてが堕落の応報によって、そのようになったのです。

それゆえに、これをある一時に清算して除去してしまわなければなりません。そうして私たちの心と体が一つになり、心と体が一つになったその個体が家庭と一つになり、その家庭と国家と世界全体と一つになって、誰彼を問わず幸福を謳歌《おうか》することができ、平和を謳歌することができ、自由を褒めたたえることができるその世界を迎えなければなりません。

神様は、この人類をそのような苦痛の立場に置いておくことができないので、救援摂理をして心と体が一つになって平和を謳歌することができ、幸福を謳歌することができる個人を求めてこられたのです。その個人を中心として一つの民族、家庭を中心として一つの国家を成して、この宇宙を神様が願われる世界に再び取り戻すために、この地上に対して摂理せざるを得なかったというのです。（二五五―一九五、一九六五・一〇・三〇）

統一の内容は簡単です。自分の心と体が一つになればできるのです。そのように一つになったものが家庭と一つになれば、平和な家庭になるのです。そのように一つになった家庭が社会と一つになるとき、その家庭は社会において、誰にも恥ずかしくない幸福な家庭になるのです。そのように一つになったその社会が国と一つになるとき、その人には国において、誰も否定することができず尊敬せざるを得ない統一圏が展開するのです。さらには、世界人類と共に間違いなく一つになることができるというとき、そのような人たちを通して地上に天国が成し遂げられるのです。（一九九一・一二・七、一九九〇・一二・二〇）

世界平和と統一に関する文鮮明先生のビジョンと実践 1

文鮮明先生の平和思想

定価（本体800円＋税）

2002（平成14）年 6月 11日　初 版　発行
2003（平成15）年 4月 10日　第4刷　発行

編 著　世界基督教統一神霊協会世界宣教本部
発 行　株式会社 光 言 社
〒150-0042東京都渋谷区宇田川町37-18
印刷所　株式会社 現文

ISBN4-87656-976-2 C0014 ￥800E